워낭 소리의 추억

정하성 시사칼럼집 7

워낭
소리의
추억

정하성 지음

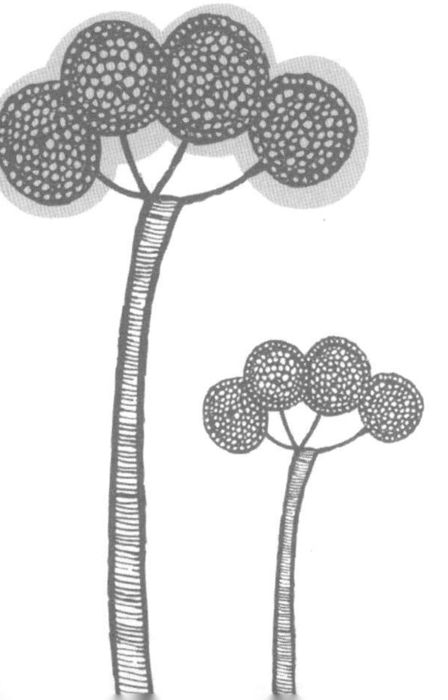

한국학술정보(주)

머리말

  다양한 가치관과 급변하는 사회변동에 적응하며 살아가기 위해서는 대화를 통해 이해의 폭을 넓혀가야 한다. 대화는 희소자원을 사유하려는 사욕을 막을 수 있고 공유하려는 마음으로 생활할 수 있게 한다. 이를 위해 끝없이 대화를 통하여 이해의 폭을 넓히며 행복을 추구해가야 할 것이다.

  고도정보화 사회는 지식에서 창출한 정보를 통해서 부를 축적해간다. 정보습득이 어려운 계층은 자연적으로 소득이 적을 수밖에 없다. 이들을 위한 총체적인 서비스와 도움을 주어야 한다. 소외되지 않도록 최선을 다해서 기쁨의 대화를 나누어야 한다. 사회구성원 모두가 행복하고 아름다운 세상을 구현하기 위해서 노력하여야 한다. 부, 명예, 재화를 공유할 때에 인간의 갈등과 미움은 줄어들 수 있다.

  본서는 7번째 칼럼집으로 정치, 사회, 교육, 문화 등 일상생활에서 느끼고 체험한 내용을 모은 것이다. 때로는 분노와 경멸의 시각으로 꾸짖고 새로운 방법을 제시하기도 하였다. 우리 모두가 진정으로 행복하게 살아갈 수 있는 대안을 토론하며 모색해가는 일은 쉽지 않다. 다만 하나의 방법과 주장이 아이디어가 되어 많은 사람이 동의하고 앞장설 때에 가능성은 높아진다.

　이번에 출간하는 『워낭소리의 추억』은 중부일보 비상임논설위원
으로 활동하면서 매주 한 편씩 쓴 칼럼 중 일부를 선택하였다. 나는
워낭소리라는 영화를 감상하였다. 순수하게 자연 속에서 소와 더불어
농사일을 하면서 살아가는 할아버지의 삶이 많은 감동을 주었다. 인
간은 지나친 욕심과 과욕으로 가득해서 이것을 활용해서 출세하려는
사람들에게는 자성의 계기가 될 수 있었다. 58편의 칼럼 중 한 편을
차지하고 있는 제목을 책 제목으로 낸 것은 이러한 이유에서다.

　때로는 독자와 시각차이가 날 수 있으나 대의와 정의를 존중해서
쓴 글임을 밝혀둔다. 앞으로 사회발전을 위해서 기여할 수 있는 지혜
와 현명함을 칼럼을 통해서 밝힐 것이다. 날로 예리한 시각으로 올바
른 사회를 보면서 행복한 삶을 영위해갈 수 있는 방안 모색에 최선을
다할 각오이다.

2011. 12.

용이동 연구실에서

정하성 씀

Contents

1. 고운 말 하는 사회를 ··· 11
2. 이제 사회통합에 앞장서야 ··· 15
3. 농촌희망 키우기 ··· 19
4. 늘어나는 니트족 ··· 23
5. 민심, 아전인수 될 수 없다 ··· 27
6. 개혁 절실한 경기도 공기업 ··· 31
7. 농협개혁, 왜 안 하나 ··· 35
8. 기부문화의 생활화 ··· 39
9. 입학제도 개편, 대학에 맡겨야 ··· 43
10. 경기 가족여성 행복 이루미 ··· 47
11. 공정성이 존중되는 사회를 ··· 51
12. 국민기대 큰 野·政 협의 ··· 55
13. 기러기 아빠 ··· 59
14. 김치문화 ··· 63
15. 행복을 위한 땀방울 ··· 67
16. 경찰의 짜 맞추기 수사 ··· 71
17. 저출산과 고령화 사회에 ··· 75
18. 희망적인 청년고용 대책을 ··· 79
19. 건배사 논란 ··· 83
20. 국회의원 연봉인상 ··· 87

21. 경제성장의 희망 ··· 91

22. 국회의원의 싸움질 ··· 95

23. 연말 불우이웃돕기 ··· 99

24. 시급한 구제역 검역검사청 설립 ··· 103

25. 지방의원 유급보좌관제 ··· 107

26. 워낭소리의 단절 ··· 111

27. 동행사회(同幸社會) ··· 115

28. 음식물쓰레기 줄이기 운동 ··· 119

29. 아름다운 봄날 ··· 123

30. 사기분양 ··· 127

31. 뉴 새마을 날 제정을 ··· 131

32. 두물머리의 유기농 생태마을 ··· 135

33. 프로시니어 ··· 139

34. 연예인의 성 윤리 확립 ··· 143

35. 소통이 활발한 자치행정을 ··· 147

36. 공직자의 올바른 자세 ··· 151

37. 식목일의 나무 ··· 155

38. 왜곡할 수 없는 생명의 존엄성 ··· 159

39. 아름다운 봄꽃축제를 ··· 163

40. 성추행 근절과 도덕성 강화를 ··· 167

41. 학생인권조례 ··· 171

42. 택시기사의 안전운전 ··· 175

43. 기후변화에 따른 대비 ··· 179

44. 빚더미 대학생 ··· 183

45. 부모자녀 관계개선 ··· 187

46. 복지 포퓰리즘 ··· 191

47. 아름다운 도로이름 ··· 195

48. 고졸자의 취업평등 ··· 199

49. 다문화 청소년 ··· 203

50. 노후의 행복지수 ··· 207

51. 행복한 새마을운동을 ··· 211

52. 중국관광객 유치 ··· 215

53. 연아 문화 만들기 ··· 219

54. 청소년이 행복한 터전 ··· 227

55. 행복한 노년의 성(性) ··· 237

56. 사각지대의 청소년 성폭행 ··· 241

57. 머슴의 리더십을 ··· 245

58. 기준이 존중되는 사회를 ··· 249

59. 자연사랑 ··· 253

고운 말 하는 사회를

세상이 황량해지고 숨 가쁘게 돌아가다 보니 모두가 신경이 날카롭다. 무심코 내뱉은 말 한마디가 상대방의 기분을 상하게 한다. 말 한마디로 천 냥 빚을 갚는다는 속담의 의미를 되새겨야 할 때다. 너나없이 상대방을 존중하지 않는 소통방식으로 기분 나쁜 사회를 만들고, 사사로운 일을 싸움으로 비화시켜 세상 살아가기를 어렵게 만들고 있다. 고운 말은 아름다운 의사소통을 가능하게 해준다. 최근 39세 판사가 재판 도중에 69세의 원고에게 '버릇없다'고 말한 사실이 알려지면서 권력층의 언어정화와 마음가짐의 문제가 도마 위에 올랐다. 부모 같은 사람에게 권력자가 지위를 이용해서 막말을 해서야 되겠는가?

재판에서 나이를 많이 먹은 원고임에도 불구하고 반말을 하는 판사의 인격은 도를 넘고 있다. 일부 공직자의 막말은 오랫동안 관행처럼 내려온 문제로, 아직도 근절되지 않고 있어 큰일이다. 타인에게 솔선수범을 보여야 할 공직자의 자질을 향상시켜야 함이 시급하다. 구청, 경찰서, 소방서 홈페이지에는 공무원이 반말을 하며 불친절한 태도에 대하여 분노하는 시민들의 글이 하루에도 수십 건씩 제기되고 있다.

반면에 다짜고짜 반말부터 하는 민원인을 상대하기 어렵다고 하소연하는 공무원도 많은 현실이다. 너나 할 것 없이 막말하는 사회로 변해 가는 세상은 살기 힘들어진다. 막말은 상대방에 대한 사랑과 존중이 없는 일방적인 소통방식에서 비롯되는 사회병리 현상으로 볼 수 있다. 일부 공무원의 불친절과 막말에 분통을 터트리는 시민도 적지 않다. 공공기관 일부 직원의 고압적인 언사와 불친절한 태도도 사라지지 않고 있다.

익명성 보장이란 특성을 악용해서 악플을 달고 허무맹랑한 언어로 막말을 하는 사람들의 자중과 통제가 절실하다. 네티즌들의 클릭으로 이어져 막말을 대수롭지 않게 여기는 풍토도 하루빨리 개선되어야 한다. 일부 네티즌의 시민윤리가 수준 이하인 현실을 극복할 수 있는 대책수립이 필요하다. 시민들의 품위 있는 언어생활을 위한 사회교육 강화와 범국민운동을 전개해야 한다. 콜센터 민원인의 황당한 요구나 질문은 어느 곳에서나 있는 일로, 욕은 물론 신세한탄을 하는 고객도 있다.

심지어 목소리가 기분 나쁘다며 인신공격을 하는 시민도 있다. 무조건 떼를 쓰는 민원인에 대한 설득과 이해를 위한 시민 자원봉사자의 역할도 필요하다. 기본적인 예절이 존중되는 사회를 위해서 국민 모두가 자성하고 이해하며 올바른 고운 말 사용을 일상화시켜야 한다. 이를 위한 사회교육의 강화와 대중매체의 계몽기능이 발현되어야 한다.

친절하게 응대하려고 해도 불쾌하게 대하는 사람에 대한 사회통제 운동을 펼치면서 정도가 심한 사람에게는 경범죄로 처벌하여야 마땅하다. 서로를 존중하지 않는 소통방식과 시민의식이 성숙하지 못한 현실적 문제해결을 위한 다양한 방법을 찾아서 개선하길 바란다. 어릴 때부터 사람을 소중히 여기고 예절에 대한 교육 부족의 결과로 볼 수 있으므로 가정교육의 강화도 필요하다. 가정과 학교에서 고운 말과 존댓말을 일상화시키면 이들이 성인이 된 후에도 고운 말을 사용하게 될 것이다. 거리낌 없이 막말이 오가는 것은 우리 시민사회의 격조가 낮은 데에서 기인한다고 볼 수 있다. 상대를 존중하는 성숙한 시민의식의 함양을 위한 노력을 경주해가야 한다.

언어의 폭력성은 웃음과 긍정적인 요소를 파괴시키는 요소로, 사회를 불신과 긴장상태로 몰고 갈 수 있다. 막말을 해놓고 말로 했지, 내가 무슨 피해를 줬냐는 식으로 합리화하고 책임을 회피하려는데, 이는 탈규범적인 범법행위이다. 언어폭력에 대한 엄한 처벌과 배상책임을 부과하는 제도시행이 요구된다. 문제는 언어폭력에 대하여 의식을 못 하는 사람이 늘면서 막말하는 사례도 증가하고 있다.

이 같은 병리현상을 치유하려면 교육의 힘이 무엇보다 중요하다. 또한 방송이나 언론의 영향력이 크기 때문에 드라마나 연예오락 프로그램 등을 통해서 간접적으로 언어폭력의 근절을 위한 자성의 메시지를 전달해야 한다. 언어폭력도 습관성이 있으며, 점차 강도가 강해지는 특성이 있다. 막말이 습관이 되지 않도록 스스로 자제하는 것도 중요하지만 가정과 학교, 사회에서 언어폭력의 심각성을 인식토록

하는 교육이 필요하다.

　곱고 아름다운 말은 경쟁사회의 갈등과 증오를 해결해주는 근본임을 명심해야 한다. 언어의 기능인 정보적 기능, 사교적 기능, 미학적 기능, 표현적 기능도 막말을 근절할 때에 효과를 기대할 수 있다. 이러한 기능이 제대로 발현되기 위해서 곱고 아름다운 말을 사용해야 할 것이다. 대화는 항상 타인 입장을 고려하고 배려해서 표현하여야 하며, 존댓말과 아름다운 말을 생활화해야 한다. 일상생활이 아름답고 고운 말로 이루어진다면 우리의 삶이 얼마나 더 행복하고 즐거워질 수 있는지를 항상 생각해야 한다. 곱게 피어나는 봄꽃 같은 아름다운 언어를 사용할 때에 세상은 즐겁고 재미난다는 사실을 인식하기 바란다. (2010.05.26.)

이제 사회통합에 앞장서야

당선이라는 목표만을 향해 인격이고, 예의고 모두 잊은 채 단말마적인 사투를 벌인 지방선거가 어제 끝났다. 어느 때보다 경쟁이 치열하고 정당 간 대립도 심했다. 원래 지방선거는 중앙정부와 다르게 자기 지역의 살림살이를 잘할 수 있는 사람을 선출하는 데 의의가 있다. 그런데 중앙정당에서 현 정권의 중간평가와 과거 야당의 역사평가라면서 열을 올렸다. 지역발전과 힘을 우위로 내세우고 한편으로는 잘못된 정권과 정책을 평가해야 한다며 열을 올렸으나 현명한 유권자는 감정에 치우치지 않고 정당하게 자신의 권리를 행사하였다.

8명을 한꺼번에 투표해야 하기에 올바른 의식이 없는 사람은 선거 공보도 보지 않고 아무렇게나 찍고 만다. 투표성향이 달라서 후보자 선정에 따른 가족끼리의 갈등을 해소하지 못하고 심지어는 대립하는 경향이 있다. 자신이 지지한 후보가 당선되면 민심은 천심이라고 위로하고, 그렇지 않은 후보자가 당선되면 세상에 망조가 들었다고 말한다. 이번 선거는 농번기를 맞아서 농촌일손이 부족하여 난리를 치렀다. 농작물은 하루하루의 때가 절실한 시간인데 일손이 없어 벼를 이앙하고 작물의 씨를 파종하는 데 시기를 놓쳐서 패농한 사례도 많다.

이제 남은 것은 지루한 대립과 갈등의 선거후유증을 잘 극복하여 하나로 가는 일이다. 당선자는 기쁨에 넘쳐 인사받기에 여념이 없고, 낙선자는 실의에 빠져 헤어날 줄 모른다. 선거후유증을 하루빨리 털어버리고 정상적인 일상으로 돌아가야 한다. 우리나라는 OECD회원국 가운데 네 번째로 사회갈등이 심한 나라다. 삼성경제연구소가 지난해 낸 보고서에 따르면 한국의 갈등지수는 OECD의 평균인 0.44보다 훨씬 높은 0.71이다. 사회갈등에 따른 비용은 국내총생산(GDP)의 27%를 차지한다. 한국보다 갈등지수가 높은 나라는 터키(1.20), 폴란드(0.76), 슬로바키아(0.72)뿐이다. 사회갈등 지수는 소득불균형 정도를 나타내는 지니계수를 분자로, 민주주의 성숙도를 나타내는 민주주의 지수와 세계은행이 측정하는 정부효과성 지수를 분모로 하여 산출한다.

생각이 다르고 얼굴이 다르며 세대가 달라도 서로를 이해하고 수용하는 마음이 절실하다. 이는 갈등을 해소시키고 국가경쟁력을 높여서 글로벌 리더국가로 도약하는 첫걸음이 될 수 있다. 진정한 갈등의 해소는 상대방이 죽거나 복종하는 패배를 수용할 때에 가능하다. 지금은 갈등해소가 아닌 완화를 통해서 공통된 사회통합이라는 대도를 가야 한다.

우리 민족은 일찍이 국가가 위기에 처했을 때에 온 민족이 하나로 단합하여 조국을 지켜왔다. 대아를 위해서는 소아를 버리고 사사로운 개인의 감정이나 여건을 극복하여 혼연일체가 되어 활동해왔다. 1997년에는 정부가 IMF외환위기를 맞이하자 국민 스스로 금모으기운동을 벌여 위기를 극복하려 했던 자발적인 운동은 세계사에서 찾아볼수 없는 사례다.

고구려 때에는 수나라 113만 대군을 불과 10만 명으로 궤멸시켰고, 그중에서 겨우 2,700명만이 간신이 살아 돌아가게 한 위대한 민족이다. 금산의 칠백의총은 임진왜란 때 왜병과 맞서 싸우다 장렬히 전사한 조헌 선생과 영규 대사가 이끌던 700 의사의 묘와 사당이다. 당시 조헌 선생은 의병을 일으켜 영규대사와 함께 청주성을 함락하는 등 큰 전공을 세웠는데 이곳 싸움에서 전사하였다.

대의를 위해서 초개와 같이 자신의 목숨을 장열하게 버리는 위대한 정신은 오늘의 우리 사회를 있게 만들었다. 이번 천안함사건의 비극도 호전적이고 비인간적인 김정일 집단의 행위로 국제적으로 도저히 용서받지 못할 일이다. 어떻게 위대한 우리 민족이 이런 악랄한 일을 저지를 수 있을까 이해하기 힘든 한심한 일이다.

일일이 열거할 수 없는 우리 민족의 자랑스러운 유산을 바탕으로 이제 사회를 하나로 통합시켜서 인류평화에 기여할 수 있는 기회를 만들어가야 할 때다. 무한경쟁 사회에서 중요한 승리요인은 사회구성원의 일치단결하는 힘에 있음을 인식하여야 한다. 사사롭고 작은 감정이나 일에서 탈피하여 미래지향적이고 긍정적인 차원에서 참여하고 수용하여야 함을 강조한다. 역사의 진실을 회상하며 국제화시대의 선도자 역할을 담당하기 위해서는 소아를 버리고 대아를 추구하며 가슴을 펴고 대담하게 미래로 가야 한다.

어찌 보면 다양성 시대에 사회통합이 어렵고 불가능하다는 사람이

있을 수 있지만 그건 그렇지 않다. 사회구성원 모두가 지향하는 목표
와 방법이 같을 때에 가능하다는 사실이다. 인간의 이익은 상호적이
므로 상대를 위해서 생각하고 베푸는 자세가 요구된다. 이제 지방선
거도 끝났으니 승자와 패자 모두가 하나 되어 서로 협력하여 국가와
사회발전을 위해서 힘을 모으는 일에 앞장서야 한다. 휴식 없는 전진
의 가치가 필요한 때다. 사회통합을 이뤄갈 때에 국가는 몰라보게 발
전하고 국민은 행복해지기 마련이다. (2010.06.03.)

농촌희망 키우기

거시 경제지표는 성장일변도를 가리키나 농촌의 경제적 어려움은 나아질 기미가 보이지 않는다. 본격적인 농번기를 맞아서 농촌일손은 더욱 심각한 실정이다. 농업은 계절산업으로 봄과 가을에 노동력이 집중적으로 필요하다. 농사일은 때를 놓치면 한 해 농사를 망치는 시간성의 특성 때문에 적절한 노동의 대처가 절실하다. 이농향도(離農向都) 현상의 심화로 농촌의 공동화(空洞化)가 심각한 현실을 중지를 모아 대처하여야 한다. 농촌에는 김매기와 농약살포, 과수원과 밭작물 거름주기, 수확하기, 관리 등 수많은 일들이 태산처럼 쌓여 있다.

품삯마저 두 배로 올랐으나 일손 구하기가 녹록지 않다. 군부대와 공무원들이 농촌일손 돕기에 나서기도 하나 이는 근본문제를 해결하기 어렵다. 기술과 전문성을 요구하는 농작물 재배관리를 아무나 일시적으로 할 수 없다. 농업노동의 지속성과 기술성을 극복하지 못하면 소기의 성과를 기대하기 어렵다. 지금은 농촌인구가 불과 18% 정도 되지만 영농방식의 변화 등으로 전문적인 일손이 필요하다. 농업 기계화가 아무리 발달되어도 기본적인 사람의 일손이 필요하기 때문에 농업인력 은행 같은 노동력 조직을 운영할 필요가 있다. 일부지역에서는 농촌인력 운영단을 조직하여 운영하고 있으나 이마저 실효를 거두지 못하고 있는 실정이다.

지난해 5월 상품 80kg 쌀 한 가마 가격이 172,000여 원 하던 것이 현재 128,000여 원으로 크게 떨어졌다. 우리나라 쌀 재고량은 현재 120여만 톤으로 적정 비축규모(72만 톤)보다 50여만 톤이나 초과되어 쌀 가격이 크게 하락하고 있다. 올해 쌀 수확예상량은 대략 452만~474만 톤으로 수요량(438만 톤) 대비 15만~30여 만 톤이 남아돌 전망이다. 더구나 FTA협정에 의해서 외국에서 32만 톤의 쌀을 수입해야만 하니 쌀값은 폭락할 수밖에 없다. 남아도는 쌀도 처리 못 할 판에 수입을 해야 할 형편이다.

대북 쌀 지원마저 끊겨서 더욱 복잡한 상황이다. 할 수 없이 정부는 논에 콩이나 옥수수 같은 작물을 재배할 경우 1ha당 300만 원씩을 농가에 지원한다는 쌀 감산대책도 밝혔다. 또 정부가 20만 톤을 매입해도 언젠가는 시장에 내놓을 것이기 때문에 쌀값 안정에는 크게 도움이 되지 않는다는 농민들의 불만이다. 천대받고 소득이 적어 외면하던 농업이 생존권을 쥔 소중한 산업으로 발전해갈 수 있도록 모든 국민이 농업에 대한 관심과 노동의 투여가 필요하다.

바쁠 때는 한 사람 한 사람의 품이 매우 소중하다. 이제 농업은 2차 산업이 아닌 6차 토털산업으로 변화돼야 한다. 농사를 지어 보았자 자기 품삯도 안 나오는 현실은 농촌의 젊은이를 떠나게 한다. 본격적인 농사철에 접어드는 농촌에 활력소가 될 쌀값 안정에 좀 더 획기적인 대책마련이 시급하다. 앞으로 식량이 핵보다 더 중요한 무기가 될 수 있음을 잊어서는 안 된다.

남아도는 쌀도 처리 못 할 판에 수입도 안 할 수 없으니 정부당국은 속이 탄다. 신품종 개발보급, 수세제 폐지, 쌀 직불제도 도입 등 농업정책의 재검토가 필요한 때다. 우리나라는 1990년대 중반에 쌀 자급자족이 이루어진 이후 과잉생산으로 고민하고 있는 현실을 현명하게 풀어가야 한다. 쌀 과잉이란 용어가 매스컴에 거리낌 없이 등장하며 이제 뿌리를 내리고 잘 자라고 있는 벼를 보고 벌써 수확을 걱정하고 있다. 쌀 가공산업을 활성화해 소비를 촉진시키고, 수출을 도모하는 노력이 우선이다. 정부는 쌀 가공기술 지원개발에 연간 10억 원을 지원하고 지난해는 100억 원에서 올해는 600억 원으로 늘리기로 했으나 근본문제 해결은 어둡기만 하다.

하루 1달러도 못 되는 먹을거리가 없어 굶어 죽는 어린아이들이 지구상에 널브러져 있는데 우리는 쌀이 넘쳐 문제이다. 네슬레의 연매출은 120조 원으로 우리 삼성전자와 맞먹지만 수익률은 삼성전자의 3~4배에 이른다. 매출 10조 원 이상 되는 식품기업이 몇 개만이라도 생겨나면 쌀 문제는 자동 해결될 수 있을 것이다. 우리도 스위스 '네슬레' 같은 대형고급 식품기업이 탄생하여 쌀 가공으로 잉여쌀을 해결해야 한다.

농업은 가난과 고통 속에서 희망을 상실한 사람들이 경영하는 것이 아니라 부자의 산업으로 거듭날 수 있도록 다각적인 정책을 수립해야 한다. 그간 정부에서 무분별한 투자와 불합리한 관리로 투자금만 날리는 사례를 분석하여 더 이상의 우를 범하지 말아야 한다. 농촌은 도시민의 생명줄을 쥐고, 학생들에게는 산 교육장의 산실로 활용되는 현실을 외면할 수 없다. 농산물의 생산과 소비계획을 장기적으로 수립하고 조정하여 잉여농산물 처리방법을 조속히 마련하는 일도 중요하다. 도농연계 프로그램을 활성화하여 도시민들의 여유와 취미를 이용한 농사짓기에 대한 방법도 연구해가길 바란다. 이제 농촌에 부농과 삶의 질이 높아지는 전원의 꿈을 키워가는 터전으로 변화시켜 농촌을 희망의 지대로 만들어야 한다. (2010.06.16.)

늘어나는 니트족

취업난이 최악의 시기를 맞으면서 취업 준비자를 포함한 사실상 백수가 461만 명에 이르고 있다. 사회에 첫발을 내딛는 젊은이가 일자리를 찾을 수 없어 낙오자처럼 번민하는 고통을 해결해주어야 한다. 일자리를 찾아 꿈꾸며 내일을 기다리는 젊은이에 대한 기대와 희망을 줄 수 있는 배려와 대책이 시급하다. 이러한 현실 속에 소위 니트(NEET-Not in Education, Employment, Training)족이 양산되고 있으나 대책이 전무한 실정이다. 니트족은 무위도식하는 놀고먹는 청년의 개념으로, 1999년 영국에서 처음 생겼으며 일본 등 선진국을 중심으로 확산되고 있다. 우리나라는 니트족을 정확하게 파악하지 못하고 있으며 이에 따른 대책 마련도 없다. 이들은 일을 하지 않으면서 교육이나 직업훈련도 받지 않는 청년층으로, 직장에 대한 무개념과 무관심을 가진 자다. 어떻게 보면 인간의 성취욕구와 도전의식을 포기한 비참하고 대책 없는 젊은이들이다.

우리나라는 현재 공식 실업자가 121만 명으로 9년 만에 최고로 젊은이 실업률이 매우 심각한데, 여기에 니트족의 증가는 문제를 확산시키고 있다. 연간 평균으로 사실상 백수청년층(15~34세)이 50만 명 이상 증가한 셈이다. 이들 대부분이 취업계획과 의욕을 상실하고 있어 종합적이고 장기적인 대책을 만들어야 한다. 취업자와 실업자가 동시에 늘어나는 것은 경기회복기에 나타나는 특징이나 취업의 가능성이 구직자와 구인자 간의 갭이 너무 커서 문제가 심각하다. 우리나라의 경우 무작정 놀고먹으며 쉬고 있는 무위도식 청년층이 크게 늘어 니트족이 43만 명으로 추산되며, 이는 5년 사이 10만 명 증가한 것이다. 통상 니트족은 청년의 비(非)노동 인구 가운데 구직, 통학, 가사를 하지 않는 사람들로, 청년실업자와 다른 자발적 취업 거부자로 사회 역할과 통합에 커다란 장애를 나타내고 있다.

니트족이 늘어나면 노동력의 양과 질이 떨어지고 사회의 부양부담이 늘어나게 된다. 취업에 실패하거나 구직을 하지 않은 비경제활동 인구 가운데 아무런 활동도 하지 않고 일하지 않으면서 교육이나 직업훈련도 받지 않는 니트족(NEET)에 대한 가치관과 의식개조를 위한 정책적·사회적 노력을 과감하게 기울여야 할 때다. 일본도 니트족이 작년 기준 66만 명으로, 이들이 사회에 미치는 부정적 영향은 매우 큰 것으로 나타나고 있으나 별다른 대책을 마련하지 못하고 있다.

우리나라도 무위도식 청년층이 수년간의 증가세를 나타내고 있어 니트족에 대한 교육과 훈련방법을 찾는 정책이 시급하다. 니트족의 상당수는 부모에게 생계비용을 전가하는 '캥거루족'으로 살아가고 있어 노부모의 생계부담과 걱정이 또 다른 사화문제를 양산하고 있다. 이들은 젊음을 낭비하며 사회활동을 기피하고 은둔하여 일부는 범죄에 빠져들기도 한다. 국가차원에서는 인적자원 활용의 비효율성을 초래해 경제에 악영향을 준다.

국가의 노동력 수준을 떨어뜨리고 경쟁력을 갉아먹는 요인이기도 하다. 유휴인력인 니트족을 생산가능 인구로 편입시킬 때에 국가생산력은 증대되고 사회문제를 크게 감소시킬 수 있다. 노동시장 진입을 포기하는 젊은이들에게 용기와 의욕을 줄 수 있는 지혜로운 집단생활 같은 공동체 전략을 마련해가는 일이 중요하다. 존엄하고 고귀한 삶을 무가치와 무의미로 포기하듯 살아가서는 인간 존재가치를 부인하는 행위로 있을 수 없는 일이 확산되고 있어 근본적인 대책을 마련해야 한다.

젊은 세대의 무기력증을 드러내는 니트족의 사회병리 현상을 치유하는 일은 통합적이고 정책적으로 이루어져서 각자의 능력에 만족하면서 행복하게 살아갈 수 있는 삶의 가치관 교육을 유아시절부터 시켜야 할 것이다. 대학졸업자 중 50만 명이 취업자이고 나머지는 고용보험의 혜택을 받을 수 있는 청년이 47.2%인 현실이 니트족을 확산시키고 있다. 청년인턴제와 같은 단기 일자리마저 정책수단에 의존하거나 부모에게 의존하고 있는 실정이다. 이외에 단기 아르바이트를 하는 수많은 청년들의 일자리 창출을 위해서 해외취업, 자영업 확대, 기업인력 창출에 정부가 적극 나서주길 바란다. 미취업의 고통은 우울증, 자신감 상실 등 극심한 정신적 스트레스를 야기해 자살에 이르게된다. 자신이 원하는 일자리를 찾아갈 수 있도록 국가는 새로운 일자리를 만드는 창조적인 정책을 펴가야 한다. 구직활동에 대한 기대감과 성취감이 주는 희열을 만끽할 수 있는 학창시절의 직업체험도 활성화할 필요가 있다. 청년일자리 창출을 국내외로 확산시키며 고용보험을 확대하고 고용안전망을 현실화해 자신 있는 창조적인 일을 할 수 있는 사회를 만드는 정책을 펴기 바란다. 니트족의 비극이 더 이상 확산돼서는 안 된다. (2010.06.30.)

민심, 아전인수 될 수 없다

5기 지방선거 결과가 정치권에 던진 국민의 의미를 제대로 파악하여 민심을 존중하여야 한다. 국민들은 정의와 민주주의 원칙을 벗어났다고 생각할 때 무섭게 행동한다는 사실을 우리는 6·2 지방선거와 역사 속에서 깊이 생각해보아야 한다. 민심은 곧 하늘의 마음과 같다는 뜻으로, 왜곡될 수 없으며 국민의 마음을 저버릴 수 없다.

지난 6·2 지방선거 결과는 2년 동안 집권 한나라당과 이명박 정권의 오만과 독선에 반기를 들었다고 볼 수 있다. 개표 전까지 대승할 것으로 착각하고 오인한 집권당과 정부의 곡해는 국민의 불신과 불만의 정도를 알게 해주었다. 결코 민주당에 대한 지지가 아니라 한나라당이 싫어 선택의 여지가 없는, 어쩔 수 없는 결과였다.

이번 지방선거 전까지 지방정부는 호남을 제외한 한나라당의 독무대였다. 정부는 국민의 지지를 지나치게 오인하여 독주해왔다. 이에 근거한 지방선거 결과는 이명박 정권 2년에 대한 평가와 한나라당 지방정권 8년에 대한 심판으로 볼 수 있다. 한나라당이 주도했던 지방정부는 비리와 독선의 온상으로 인식되었다. 한나라당의 독선과 부도덕에 국민들이 반기를 들었다고 할 수 있다.

이번에 당선된 단체장과 지방의원은 국민들의 분노와 기대에 대하여 책임을 통감하며 최선을 다하여 열심히 일해야 한다. 민생과 민주주의를 지키기 위한 노력으로 성실한 민의 중심의 지방자치를 실천해가야 한다. 정직하고 청렴한 삶을 영위하며 헌신 봉사하는 일에 솔선수범해야 한다. 견제받지 않았던 지방권력에 대하여 유권자의 감시기능을 강화해가는 일이 급선무다. 부정과 오만의 악순환을 5기 지방정부에서 반드시 종식시키기 위해서 제도와 관행개선이 이뤄져야 한다.

자치단체는 대규모 지방채 발행을 통한 지하철 건설과 호화청사 신축, 수요와 사후관리를 고려하지 않은 지역개발을 청산하여 당면하고 생산적인 민생과 복지행정을 펼치기 바란다. 과거 관행에 얽매여서는 안 되며 변화와 혁신에 앞장서야 된다. 지자체 발전은 국가의 민주주의를 발전시키는 원천이다. 초심을 잃지 않고 주민을 위해 4년간 최선을 다하여 새로운 정치와 행정을 펼칠 수 있는 획기적인 아이디어와 실험을 지속해가기 바란다.

서울과 경기도 등 일부지역에서는 단체장은 여당이고 의원은 야당이어서 사업과 인사에 제동이 걸리고 마찰이 생긴다. 이제 보·혁의 가치와 여야의 힘겨루기가 아닌 진정으로 주민을 위한 일이 무엇인지를 고민해야 할 때다. 선진 서구의 경우 보·혁의 정권교체가 주기적으로 이뤄져 상호보완과 문제를 극복해가고 있음에 주목해야 한다. 여야가 아니라 지역과 국가를 위해 협동하여 참여하는 지방자치행정을 이끌어가야 하는 이유다.

일부 지자체에서는 정당대립으로 개원식도 못 열고 감투싸움에 아비귀환이다. 지역민생을 챙겨야 할 지방의회가 출범과 동시에 전국 곳곳에서 파행을 겪고 있는 현실이 도를 넘고 있다. 근본원인은 모두 자리다툼으로 의장단과 상임위원장 자리를 놓고 적절한 나눠 먹기 기준이 저마다 다르기 때문이다. 주민들의 눈높이에서 지역현안을 해결해야 할 지방의원들을 선출하는 데 이번에도 실패했다는 분석이다.

감투 앞에선 같은 당도 필요 없어 인천시의회에서는 다수의석을 차지한 민주당 의원끼리 집안싸움마저 벌였다. 대화와 타협 대신 농성과 단식으로 판을 벌이는 일부 지방의회가 한심스러울 뿐이다. 서울 강서구의회는 첫 본회의에서 의장단 선출문제로 여야가 신경전을 벌이다 상대 당 의원에게 욕설과 손찌검까지 하는 일이 벌어졌다. 경기도의회는 소수당인 한나라당과 다수인 민주당이 합의점을 찾지 못해 의장선출과 개원식에 어려움을 겪었다. 광명시의회와 남양주시의회에서는 야당의원들만으로 의장단을 꾸렸는데 과연 원만한 의회가 이루어질 수 있겠는가 의문이다.

지방의회가 이처럼 여의도 정치를 빼닮아 탈당, 집단 퇴장, 농성 등의 행태를 보이는 것은 근본적으로 의원의 자질과 정당공천이란 제도적 모순의 결과다. 자치단체는 소속정당보다 지역사회 현실을 우선 생각하여 판단하여야 한다. 주민생활과 관련한 민생문제 해결을 염려하고 노력하는 자세가 우선돼야 함을 강조한다. 여야 정치권과 자치단체장 그리고 지방의원들은 중앙당의 권력구조에 따라 눈치를 보며 행정을 하기보다는 항상 주민을 먼저 생각하고 당면한 사업과 과제이행을 위해 중지를 모으고 참여를 극대화해야 한다.

사람은 일반적으로 자기 편하게 이익을 생각하여 판단하고 행동하려 한다. 여기에는 반드시 주민의 저항과 반발이 따르게 마련이어서 삼가야 한다. 앞으로 4년간 지역발전과 주민복지 증진을 위해서 최선을 다하므로 국가발전에 기여한다는 자세로 지방행정을 이끌어가야 한다. 권력의 집행은 항상 국민을 위한 입장이어야 함을 인식하기 바란다. (2010.07.15.)

개혁 절실한 경기도 공기업

　지방공기업은 자치단체가 물품과 서비스를 주민에게 제공할 때에 대가를 받아들여 지역주민의 신뢰를 얻어 그들에게 혜택을 증대시켜 주기 위해 공적이익을 추구한다. 공기업 운영의 성과가 일반기업체처럼 운영의 합리성과 효율성을 지향해야 하는 이유다. 경기도 내 35개 지방공기업 가운데 부채비율이 300% 이상인 곳이 12곳이나 되고 있어 경영부실과 구조적 모순을 개선해야 한다는 목소리가 높다. 3분의 1 이상 지방공기업이 빚더미에 앉은 것은 문제가 많다.

　전국 지방공기업 재무상태 자료를 보면 지난해 도내 지방공기업 중 부채비율이 가장 높은 곳은 양평지방공사로 7,868.9%이고, 100~300% 미만도 9곳이나 된다. 도내 공기업별 부채비율은 평균 291.2%로 전국 16개 시·도 가운데 5번째로 높다. 지방공기업의 부실은 주민에게 손해를 입히며 세금을 탕진하는 문제의 심각성이 크다. 자산

규모는 2008년 8조 13억 원에서 지난해는 10조 3,628억 원으로 증가하였고, 부채는 5조 9,010억 원에서 7조 7,137억 원으로 10.2% 늘어났다. 지난해 부채비율이 양평지방공사가 7,868.9%이고, 안성시설관리공단이 1,721%로 가장 높았다. 고양시설관리공단 878.2%, 수원시설관리공단 872.1%, 부천시설관리공단 706.3%, 평택항만공사가 700%이다.

빚을 내서 우선 쓰고 보자는 무책임한 공기업 임원들의 책임의식을 강화하고 감독기능을 보강해야 한다. 지방공기업의 재정건전성을 높여서 지역주민에게 피해가 가지 않도록 제도적 보완이 절실한 실정이다. 성남시의 모라토리엄 선언으로 지방자치단체의 취약한 재정상태에 대한 우려가 커지고 있다. 무리하게 무계획적으로 사업을 추진한 결과다. 현재 지자체 부채에 포함되지 않은 숨겨진 빚인 지방공기업 부채까지 감안하면 지자체의 재정위기는 지금보다 훨씬 심각한 상태다.

지자체가 재정위기를 벗어나지 못하면 당면한 주민들의 과제와 복지사업을 추진할 수 없다. 부채비율이 2008년보다 21.3% 증가한 현실은 지방재정의 어려움을 예측할 수 있는 지표다. 각 지자체 산하의 도시개발공사의 평균 부채비율은 347.1%로 경영상태가 더욱 좋지 않다. 문제는 많은 예산을 투자하여 개발사업이 끝난 후에도 자금을 회수하지 못하고 있는 현실이다. 강원도개발공사가 1조 5,000억 원을 투자한 '알펜시아 리조트'는 지난해 6월 완공이 목표였지만 분양에 실패하면서 공사가 중단된 상태다. 하루 이자만 약 1억 원이 들어가고 있는데 이 부담을 지역주민이 떠안고 있다. 공기업이 부도가 나면 결국 지자체와 지역주민이 갚아야 할 돈으로, 피해가 클 수밖에 없다.

지방공기업의 재정상태에 대한 체계적인 실태파악도 없고 일반기업에 비해 운영부실과 관리·감독이 소홀해 중앙정부 차원의 전체적인 관리와 감독이 필요하다. 지방공기업은 반드시 전문가가 운영하도록 규정을 만들어 시행해야 한다. 공기업은 선·후진국을 막론하고 중요성이 점증하고 있는 가운데 문제점 해결에 적극적인 노력이 필요하다.

제2차 세계대전 후 영국과 프랑스에서는 대규모의 국유화 정책실현으로 공기업이 급증하였다. 이탈리아도 1930년대에 사기업 도산에 대처하고자 공기업화 정책에 박차를 가했다. 결국 공기업은 국책사업의 추진과 사기업 보호를 위해 많이 작용해왔다고 볼 수 있다. 단시일 내에 비약적인 경제성장을 꾀하려는 후진국에서도 자본육성의 부진 등을 이유로 대규모 공기업을 추진하고 있다. 공기업은 지자체와 중앙정부에서 추진하므로 사명감 높은 전문책임자가 철저한 관리와 운영을 하여야 한다. 프리드먼(W. Friedman) 교수는 각국의 공기업 발달은 민간자본의 부족과 국방 및 전략을 고려하며 독점적 서비스의 필요와 정치적 신념에서 배경을 찾는다. 지방공기업 설립의 원칙과 명분을 점검해야 한다.

감사원이 이달 안에 지방공기업의 경영실태를 전담해 감사하는 조직을 신설하는 등 지방공기업에 대한 감사활동을 강화하기로 한 일은 잘한 일이다. 감사원 관계자는 지방공기업과 지방공사 등에 대한 감사를 강화하기 위해 이들을 상시 감사하는 지방특정감사단을 신설할 계획이다. 그동안 방만하게 자치단체장이 전횡하다시피한 지방공기업의 철저한 감독시스템을 확립하는 일은 매우 중요하다.

감사원은 지하철 공사 7곳과 지자체가 운영하는 공기업 29곳에 대한 감사를 벌일 계획인데 철저한 감사와 문제점 해소책도 제시해주기 바란다. 감사원은 현재 지방공기업 경영개선과 사업집행 실태에 대한 감사와 기관운영 감사 등이 진행되고 있으나 보다 철저한 분석과 감사가 필요하다. 우리나라는 주식회사 형태를 지닌 경우의 공기업으로 소유 주체설 보다는 지배 주체설을 따르고 있는데, 이의 제도적 문제도 검토할 필요가 있다. 현실에 맞는 제도와 방법으로 지방공기업을 운영해가야 한다. 경기도는 부실한 공기업을 퇴출시키고 흑자 운영을 통한 지역발전에 기여할 수 있도록 혁신적인 계획을 수립하여 추진해가기 바란다. (2010.07.29.)

농협은 농민을 위해 존재하여야 되는데 그렇지 못해 농민 불신이 하늘을 찌르고 있다. 농협은 농민의 오해와 불신 속에 신뢰를 상실한 채 농민귀족으로 오해를 받는 현실이다. 농민들의 농산물 생산과 판매에 대한 책임을 지고 헌신 봉사하는 자세를 외면한 지 오래다. 판매사업과 금융사업 중심으로 돈 벌기에 급급하며 적자가 생기면 농민들에게 떠넘기고 있다. 농약 값 결정에 부당하게 개입하여 농민에게 피해를 준다.

외국 농수산물을 농협 자체 매장에서 버젓이 팔며 이익을 취하고 있다. 누구를 위한 농협인지 이해할 수 없다. 농민조합원 자녀학자금 지원 때는 인색하기 짝이 없어 농민들은 괴롭다. 보증인을 세워야 하고, 심사를 받아야 하며, 인원의 제한을 받는다. 아직도 농민이 대출 받으려면 많은 서류를 내고 직원들에게 부탁을 해야 한다.

경기지역에서 벼농사를 짓는 농민은 쌀을 어디에다 어떻게 팔까를 고민한다. 지역단위 농협이 얼마 전 농지면적에 따라 재고 쌀 판매를 할당했기 때문이다. 논 한 마지기(약 661㎡)에 20kg짜리 쌀 1포대씩 계산하여 농민에게 부여된 몫은 무려 200포대가 넘는다. 형제와 친·인척 등을 통해 겨우 쌀 서너 포대를 팔았지만 그 많은 쌀을 어떻게 처분할지 앞이 캄캄하다고 한다. 강제성은 없어도 농협이 자기 몫을 소화하지 못하면 올해 수매량에서 그만큼을 뺀다고 엄포를 놓는다. 농민들은 오늘도 농사짓기보다는 생산한 쌀 팔 일이 걱정이다.

내년이면 농협 창립 50주년을 맞는데 그동안 농민들을 위해서 무엇을 했는지 의심이 간다. 반세기 동안 농협은 얼마나 농민을 위해서 땀 흘렸고 기여했는지 농민들은 싸늘한 반응이다. 농업경쟁력 강화와 농민 삶의 질 제고를 위해 나름대로 노력해왔지만 문제와 과오가 말할 수 없이 크다. 조직의 비대화와 효율성의 약화는 물론 툭하면 터지는 비리와 농민에 대한 희생 강요로 농민들은 농협에 대한 원성이 자자하다.

신토불이를 외치는 농협이 전국에서 운영하는 하나로 클럽·마트 등에는 외국산 농수산물이 넘친다. 몸집불리기에 급급해 온 하나로 클럽·마트는 이제 지역상권을 거머쥐며 대형마트나 SSM에 대적할 만큼 대규모로 성장하여 지역 소상공인들을 위협하고 있다. 농협은 기업과 상인이 아닌데도 왜 그들과 같은 경쟁을 하면서 돈 벌기에 급급한가를 이해할 수 없다. 개선돼야 할 당면과제로 우선 농민의 서비스 확대를 모색해야 한다.

농협중앙회가 사료공급 시 신용카드 결제를 외면하는 행태도 축산 농가들의 불만을 사고 있다. 매월 180억 원 상당의 조사료, 배합사료

등 50만 톤을 전국 142개 회원축협에 공급하는 농협중앙회가 현금결제를 고집하자 단위축협도 현금결제를 요구하는 악순환이 생겼다. 정부시책마저도 거부하는 농협의 존재이유를 이해할 수 없다. 농협은 또 농약 값을 부풀려 농민들로부터 폭리를 취한다는 지적이 제기되고 있다. 농협중앙회가 농약 제조업체들과 일괄구매 계약을 체결하며 농약을 저가에 판매하지 못하도록 업체들을 압박한 사실이 공정거래위원회에 의해 밝혀졌다. 정말로 있을 수 없는 일이다. 윤리의식과 상인의 기본자세마저 외면한 처사다. 왜 농협은 농민들에게 보다 싼 값에 농약을 구매할 수 있는 기회를 박탈하려 하는가 묻고 싶다. 잊을 만하면 대출비리가 터져 나오고, 조합장 선거만 치렀다 하면 선거비리가 봇물처럼 쏟아지는 고질적인 병폐 근절은 언제 될 것인가?

신용·경제 사업을 분리하는 농협개혁 법안이 작년 2월 초 국회에 제출됐지만 농협의 반대로 별다른 진척이 없는 상황이다. 선거 때면 농민에게 표를 달라는 국회의원들에 대한 심판을 분명히 하여야 한다. 하지만 지금의 농협문제는 법이나 제도가 바뀐다고 해결될 사안이 아니다. 농민과 직원들 관련자 모두가 바뀌어야 한다. 농협은 농업발전과 농민이익을 위한 활동을 성실하게 최선을 다할 때 존재이유가 있다. 중앙회장을 비상근으로 바꾸고, 신용사업과 경제사업을 분리하는 등 구조개선과 업무개혁을 서둘러야 한다. 농협은 하드웨어보다 소프트웨어, 마인드개혁을 통해서 글로벌시대로 농민들을 안내하는 역할을 하여야 한다. 이웃 일본의 농협직원들은 항상 농민과 똑같은 작업복을 입고 근무하다가 갑자기 비가 오거나 일손이 필요하면 즉시 농장에 나가 농민들과 함께 일을 한다. 우리나라 농협직원들은 여름에도 신사복을 입고 시원한 에어컨 바람을 쐬며 잡담하고 커피

마시면서 즐기는 현실이 한심스럽다. 농민과 똑같은 생활을 하면서 진정으로 그들을 이해하고 문제를 풀어갈 때 농협은 농민의 지지를 받고 존재의 필요성을 느낄 수 있다. (2010.08.05.)

굶주려서 배고프고 병들어서 고통 받는 사람들을 위한 일에 모든 사람들이 관심을 갖고 참여해야 한다. 이들의 문제해결은 국가와 UN 의 노력만으로는 한계가 있기 때문이다. 인류의 빈곤과 질병을 극복하기 위해 공공복지 서비스 시설의 확충과 기부문화의 생활화가 필요하다. 특히 기부의 생활화를 통해서 이를 해결해가려고 노력해야 한다. 세계인구 68억 명 중 현재 10억 명이 빈곤에 시달리며, 2030년에는 20억 명으로 늘어날 전망이다. 기부의 생활화를 통해서 이들을 도와주어야 하는 이유다. 기부문화를 생활화해 나눔의 철학을 실천하는 일이 중요하다. 기부는 어려운 사람을 위한 자선사업과 공공사업을 위해서 자발적으로 나눔의 철학을 실천하는 사람들로 이루어지기 때문이다.

며칠 전 워런 버핏과 빌 게이츠 등 미국의 억만장자들 40명이 자신의 재산 중 절반을 기부하기로 발표했다. 이들의 재산 50%를 합산할 경우 우리 돈으로 175조 원에 이른다. 이들의 기부운동은 노블레스 오블리주의 면모를 보여주는 것으로, 우리도 본받아야 한다. 세계적으로 지명도가 높은 사람이 기부에 앞장섬으로써 일반국민의 의식변화에 큰 의미를 주고 있다. 홍콩의 최고 부자 리카싱의 재산은 24조 8,000억 원이 넘는데 30년간 기부한 액수가 약 1조 5,000억 원을 상회한다. 우리는 리카싱의 '돈을 쓸 때도 도가 있다(用之有道)'는 기부철학을 되새길 필요가 있다. 리카싱은 낙후된 곳에 기반시설을 짓도록 돕고, 학교를 세우는 등 자선활동을 해왔다.

우리나라에서도 할머니가 폐지를 주워 모아 기부한 몇 천만 원과 한(恨) 많은 위안부 할머니가 기부한 몇 천만 원은 실로 대단한 가치와 의미가 있다. 또한 한평생 김밥을 팔아 모은 전 재산 50억 원을 대학에 기부한 할머니가 우리에게 감동을 주었다. 이렇듯 기부는 쓰고 남아서 주는 것이 아니라 아끼고 모아서 사랑과 정성을 주는 것이다. 일상생활에서 절약으로 모은 자산의 기부는 대단한 가치와 의미가 있다. 세계에서 가장 빈민이 많은 아프리카에 우리나라가 농업기술을 전수해서 희망의 씨앗을 키우고 있음이 다행스럽다. 기부는 단순한 돈과 물질뿐 아니라 이 같은 기술의 제공도 포함한다. 10억 명의 아프리카 인구 중 40% 이상이 절대빈곤과 질병에 허덕이는데, 이의 해결을 위해 세계 모든 나라의 기부가 절실하다. 이제 국제사회의 기부는 돈만 아니라 미래에 대한 희망과 꿈을 심어주고 어려운 현실을 개선하는 데도 정성을 기울여야 한다.

우리나라는 기업체 기부금이 80%이며 개인 기부는 세계평균 69.5%보다 훨씬 적은 20%에 불과하다. 우리 국민의 기부 참여자는 극히 일부라는 데 문제가 있다. 우리 국민들은 금액의 많고 적음을 떠나서 기부의 생활화와 거리가 먼 현실이다. 우리나라 사람들은 자식들에게 기업과 돈을 물려주려고 하지, 사회에 기부하는 데는 인색하기 짝이 없다. 선거공약을 지키려는 정치인과 범죄를 사죄수단으로 하는 기업기부금은 진정한 기부가 아니다. 진정한 기부는 어떤 목적이 아닌 어려운 사람과 함께 하려는 정신과 마음의 순수한 일상생활의 실천이다. 대부분 일회성에 그치는 형식적인 기부는 의미가 없다. 기업인이 사회로부터 벌어들인 돈을 사회를 위해서 기부하는 철학을 갖고 실천해야 한다.

우리도 기부문화의 후진성을 탈피하기 위한 국민의식을 개선해야 한다. 대부분 우리나라의 부자들은 큰 사건을 겪거나 사회적 캠페인이 벌어져야 회사 돈으로 기부하는 실정이다. 자신의 용돈을 아끼고 항상 어려운 사람을 생각하면서 돈을 모아서 기부하여야 한다. 버핏처럼 우리 기업인도 자발적으로 기부운동을 펼쳐가길 바란다. 시민단체 출신인사가 주도하는 기부문화의 양태도 기부자 스스로에게 맡겨야 한다. 가수 김장훈처럼 기부를 생활화하는 일이 중요한 때다. 빈부격차가 갈수록 커지는데 잘사는 사람들의 기부를 통한 나눔의 철학을 실천해야 한다. 생활고로 자살하는 사람의 급증도 나눔의 철학으로 줄여갈 수 있다. 돈 있는 사람들이 돈을 내서 없는 사람을 돕는다면 사회갈등도 완화되고 자살도 감소할 수 있을 것이다.

미국 억만장자들처럼 스스로 기부운동에 나서는 한국부자들이 많이 생겨날 때에 일반국민들의 자발적인 기부문화도 발전할 수 있음을 강조한다. 사회지도자가 절약하고 아껴 쓴 돈으로 기부를 생활화해 갈 때에 우리 국민도 일상적으로 기부에 참여할 수 있다. 옛날 농경시대에 우리 조상들은 이웃과 지나가는 나그네까지 함께 나누며 더불어 살아왔다. 국가와 민족이 곤경에 처해 있을 때에 모든 것을 기부하여 극복했던 역사적 교훈을 되새기길 바란다. 기부와 나눔의 아름다운 우리 문화를 키워가야 할 때다. 기부문화를 확산시켜서 복지사회를 구현하고 나누는 행복의 기쁨을 키워가기 위해 노력하기 바란다. (2010.08.12.)

　정부가 우리나라의 대학입시 제도를 60년간 좌지우지해왔다. 대학의 입학전형 자율권은 없고 정부의 지시와 눈치 보기에 급급해야 했다. 아직도 교육정책의 고답적인 지시주의와 획일적인 정책은 발전과 경쟁을 저해하고 있다. 조금이라도 지시와 방침을 어기면 예산확보와 정원증대 등에 불이익을 준다. 대학발전은 특성화에 따른 자율적인 학사운영이 기본이다. 그런데 이 기본이 무시당한 채 정부시책에 순종해야 하는 비극의 역사가 이제는 종말을 고하고 자율에 의한 창의성이 발현되는 대학의 특성화가 절실하다.

　정부가 수립되면서 고등교육 체제는 일제강점기의 대학제도를 개편하여 구미식 체제를 갖추어 한국 고등교육의 기본골격을 이뤄 지금에 이르고 있다. 일제 식민지하에서 폐쇄적이고 획일적이던 고등교육 정책이 광복을 계기로 개방적이고 자유방임적인 교육활동으로 전환되었다. 질적인 성장과 변화보다는 양적인 성장에 급급했다. 현재 전국에 4년제 대학 200여 개와 2년제 대학 150여 개가 있어 진학의지만 있으면 누구나 다 대학에 갈 수 있다. 과잉대학 입학생제도의 현실이 저질대학생을 키웠다.

우리나라의 고등교육은 8·15광복 이후에 실현되어 오늘의 양적팽창에 이르고 있다. 대학교육 이념은 답습과 혼란(1945~1953년) 속에 1949년 12월 31일 법률 제86호로 전문 11장 173개조에 달하는 교육법을 제정 공포하였다. 제108조는 대학의 교육목적을 국가와 인류사회 발전에 필요한 학술이론과 광범위한 응용방법을 교수 연구하며 지도적 인격을 도야하는 것으로 되었다.

2013학년도부터는 대학입시를 완전히 자율화할 방침이다. 현재 중학교 3학년생부터 수능시험을 2번 볼 수 있고, 응시과목도 크게 줄며, 수시전형도 대폭 간소화된다. 교육과학기술부 의뢰로 정책연구를 해온 '중장기 대입 선진화 연구회'가 내놓은 2014학년도 대학수학능력시험 개편방안 내용이다. 수능 횟수를 연 2회로 늘려서 학생들에게 한 번의 기회를 더 주는 것은 잘한 방안이다. 문제는 학습결과에 따라 대입결정권이 좌우되는 가혹한 경쟁의 틀에서 학생들이 벗어날 수 없다는 데 있다.

대학입시를 다양한 유형의 시험에 의해 선택할 수 있도록 해야 함을 강조한다. 수능 과목 수를 줄이고 문제를 쉽게 내서 이해도를 파악하려 해야 한다. 복잡한 수시전형 제도의 간소화 대책도 마련하기 바란다. 이번 개편안은 수능시험의 기술적 보완에 치우쳤는데 이를 극복할 수 있는 방안을 모색하기 바란다. 두 차례 시험의 난이도 조정과 탐구영역 응시과목 수의 축소로 국·영·수 비중만 커지지 않도록 해야 한다.

　모든 과목을 평가받을 수 있게 만들어야 한다. 각 대학에서 본고사를 부활하지 못하도록 지도하고 다른 대안을 대학자율에 맡기는 일이 우선이다. 수험생에게 부담을 가중시키고 사교육비가 늘어나게 해서는 안 된다. 황폐화되는 공교육의 근본개혁을 위해 최선을 다하는 교육정책이 외면되지 않도록 입시제도가 바뀌어야 한다. 학생선발의 전면적인 자율권을 대학에 폭넓게 보장해주는 정책을 구현하여 대학의 특성화를 꾀해가야 한다. 대학의 대입자율화에 따른 철저한 사전 준비와 실행의 성실성이 이루어질 수 있는 행정을 펼쳐가기 바란다.

　우리나라의 고등교육은 광복 당시까지만 해도 일제의 한국인에 대한 교육기회 제한과 차별정책으로 인해 그 수준이 미미하였던 것이 지금은 수적으로 세계 1위다. 문제는 질적 저하를 극복하여 수준 높은 대학을 만들어가는 일이다. 격변하는 글로벌시대를 선도해갈 대학 입시 제도의 개선이 절실한 이유다. 21세기 지식기반 사회에서는 수직적 지식을 중심으로 밑에서는 정직과 통합이 떠받치고 위에서는 세계로 뻗어나가는 '工'자 형태가 돼야 한다. 또한 생명과학 기술과 녹색경제 영역을 주로 발전시켜서 머지않아 도래할 유비쿼터스 시대에 맞는 입시정책을 펴가야 한다.

　대학교육도 이에 맞춰 미지의 세계를 탐구하고 불가능에 도전하며 창의적 역량을 강화하는 데 초점을 둬야 하므로 이를 충족시킬 수 있는 학생을 선발해야 한다. 모든 대학이 자율적인 특성화로 기능을 다하기 위해서 가장 근본이 되는 학생선발을 합리적이고 과학적으로 해야 한다. 특성화된 대학이 이에 맞는 이상적인 대학생을 선발할 수 있도록 발전시켜가는 노력이 선무다. 이를 위해서 교과부는 간섭하고

통제하는 기존의 방법을 과감하게 개혁하지 않으면 수능시험 개편방
안이 성공할 수 없음을 명심하기 바란다. 오직 대학입시에만 매달려
서 건강과 교육 그리고 취미생활을 할 수 없는 현실을 고려한 입시제
도 개선을 해야 한다. (2010.08.26.)

글로벌시대는 다양한 정보와 아이디어를 통해서 실천·활동영역을 확대해가는 것이 삶의 질을 높여갈 수 있는 하나의 방법이다. 정보와 아이디어는 주로 지식에서 창출되므로 연구기관의 기반조성이 중요한 이유다. 선진국 사람들과 상호 간에 폭넓게 교류하며 다양한 활동을 하는 학생과 여성들이 늘어나고 있는 현실이 다행스럽다. 지구촌이라는 말은 인터넷을 통한 소통과 교통통신의 발달로 사람 간의 교류가 아주 손쉬워진 현실의 활동을 의미한다. 최근 지자체 연구원에서도 지역의 특성과 주민의 욕구를 충족시켜서 행복을 확대해가는 노력을 하고 있다. 조사와 연구를 통한 정책제안 마련이 주된 업무이나 현실에서 실천해갈 수 있는 아이디어를 개발하여 이를 생활에 정착시키려는 노력은 새로운 연구원 운영방향이라는 차원에서 의미가 크다.

경기도 가족여성연구원에서는 가족과 여성의 행복을 이루어나가는 사람을 양성하려고 가족여성 행복 이루미라는 모니터단을 운영하고 있어 기대가 모아진다. 여성이 삶의 현장에서 겪는 가족과 관련된 다양한 내용을 정책과 생활의제 차원에서 정확히 파악해 이를 정책개발에 반영하려 한다. 다양한 의견을 사이버공간을 통해서 자유롭게 피력하고 정책을 제안함으로써 적극적으로 정책개발과 추진에 참여하는 정책 프로슈머 집단을 만들어서 운영해갈 수 있기 때문이다. 도내 여성 200명 내외로 구성하여 활동할 예정이다. 이들은 행복 커뮤니티를 구축하고 정책 모니터로 위촉하여 권역별로 쌍방향 소통의 통로를 마련하게 된다. 아직도 우리 사회는 여성의 지방행정 참여와 아이디어 발굴이 미미한 실정이다. 이들을 정책 프로슈머 겸 아이디어 뱅크로 활용하려는 발상은 많은 여성의 참여는 물론이고 도민의 지지를 받을 수 있다.

지난 3월에 이미 도내 31개 시·군 대표주부, 여성 활동가, 학생 등을 추천·선발하여 현재 활발하게 활동하고 있다. 이들은 온라인을 통해 가족여성 정책제안, 정보교환, 도 정책제안들의 다양한 활동을 벌이고 있다. 물론 뉴스레터를 통해서 활동정보를 교류하고 좌담회를 통해서 많은 경험과 아이디어를 나누게 된다. 특히 카페를 개설하여 살기 좋은 경기도를 함께 만들어가기 위한 사이버공간을 제공함으로써 여성의 현실참여를 촉진시키는 데 의미가 크다. 지방자치도 여성 활동의 촉진을 통한 지역사회 발전이 중요하다는 차원에서 이번 행복 이루미는 의미가 있다. 경기도 가족여성연구원은 "이루미 활동을 통해 가정과 지역사회가 안정되고 행복하므로 사회통합에 기여할 수 있다"며 앞으로 지속적인 활동을 펼쳐갈 것을 강조한다. 여성연구원에서 아이디어로 출발했지만 앞으로 모든 사회단체와 지자체에서 적극 참여하여 행복한 가정 만들기 운동이 성공하길 바란다.

그러기 위해서는 조직의 확대와 가정 및 지역사회에서 구체적인 행동윤리를 실천해가야 한다. 우리 조상들은 과거에 국난과 천재지변이 발생하면 이웃끼리 서로 나누고 도우면서 함께 살아왔다. 어느 민족보다 인정이 많고 국가와 민족을 위해서 헌신 봉사해왔다. 이 아름다운 생활양식이 자본주의 발달로 개인적인 이기주의 확산으로 이웃은 관심이 없고 오직 나만을 생각하는 현실이 됐다. 이제 사회구조적 모순을 극복하여야 진정한 사회복지 시대와 국민이 행복한 나라를 건설해나가는 일에 앞장설 수 있다.

우리 국민의 사회기부금액이 최하위 수준이며 기업 역시 매우 미미한 실정이다. 복지사회 구현을 위해서는 정부, 기업, 사회단체는 물론 연구기관에서도 나눔과 지원에 함께 참여하여 역할을 담당하는 일이 매우 중요하다. 아무리 연구실에서 이상을 좇아 대안을 제시해도 이를 국민이 따르지 않고 실천을 외면하며 의미가 없다. 인간 삶의 목표가 행복실현에 있으며 이를 위해서 모든 사람이 지혜를 모아 실천해가야 한다.

도민을 위해 경기도 가족여성연구원에서 행복 이루미 활동을 펼치고 있어 주목된다. 그러나 현실적으로 아이디어의 시작 수준으로, 이를 범도민운동, 더 나아가서 국민운동으로 펼치기 위해서 다른 기관과 단체와 협력하여 확대·발전시켜야 한다. 지금이야 시발이고 아이디어 차원이지만 이를 전 도민이 앞장설 수 있도록 구체적인 실천지표를 제시하고 실천해간다면 엄청난 사회발전에 기여할 수 있다. 가정이 불행한 상태에서 가족구성원의 진정한 행복을 기대할 수 없음을 인식하여야 한다. 인류문명사를 볼 때 가정기능의 중요성은 어느 시대를 막론하고 강조됐듯이 글로벌시대에도 행복한 가정이 중심이 돼야 인류평화와 행복을 이뤄갈 수 있다. 가정의 행복을 만들어가는 일에 모두가 참여하고 기능과 역할을 합리적으로 전담하여 소기의 기대성과를 올리는 일에 최선을 다하기 바란다. (2010.09.02.)

공정성이 존중되는 사회를

정정당당한 경쟁을 통하여 승패를 결정하는 공정사회를 모두가 갈망하고 있으나 제도의 모순과 관계자의 부도덕성으로 많은 문제를 야기하고 있다. 특채는 남다른 전문성이 있고 특별한 지위에 있는 사람이 사업추진에 꼭 필요할 경우 공개채용으로는 어려워서 특별한 대접을 해주면서 채용하는 방법을 말한다. 이런 방법을 악용하여 공정성을 파괴하는 대표적인 사례가 공직자의 특별채용이다. 현실적으로 특채를 무시할 수 없는 실정으로, 이의 악용과 편법을 막을 수 있도록 공직자가 양심과 공정성을 지켜야 한다. 공정성의 훼손 가능성이 높은 애매한 예산과 사업에 대하여는 공개하고 시민참여를 의무화시켜서 투명한 예산집행과 검증을 할 수 있게 하여야 한다.

지방 자치단체의 실상은 공정성 훼손의 가관으로, 경기·서울·부산·강원·전남 등지에서 권력자의 자녀와 친인척을 특채하고 있다.

경기도의 경우 부천시, 성남시, 오산시 등 지자체의 특별채용이 단체장의 친인척을 비롯한 지인 등 다양한 형태를 띠고 있다. 시장 친인척, 국회의원 조카, 시장 운전사 부인, 의회 의장 딸, 시의원 처제, 재단 이사의 채권자 아들까지 특채로 특권을 누리고 있는 현실이다.

전 부천시장 운전기사는 부인을 특채했는데 서류전형과 면접은 일사천리로 통과했고 당시 면접위원들은 질문을 거의 하지 않은 상태에서 합격했다.

부천문화재단은 전체 165명의 직원 중 30%인 46명이 전 시장의 친인척과 측근 그리고 시의원의 자제 등으로 특채됐다. 2007년에는 전문성과 거리가 먼 상당수가 한나라당 출신이 추천한 인사여서 문화계와 시민단체에서 시장이 한나라당 챙기기가 지나치다며 강하게 비난했다. 부천시설공단은 150명 중 24명이 도의원과 국회의원의 친인척인데 기본적인 절차도 생략한 채 채용됐다. 지난 5월에는 모집공고도 없이 직원 8명을 뽑았는데, 아예 서류심사나 면접도 없었다.

지방선거를 앞둔 파렴치한 선거용 선심이다. 지역신문 기자와 경찰 아내 등이 포함된 이들은 무기계약직으로 사무보조나 시설물 청소, 공단이 운영하는 주차관리 업무를 담당하는 자로서 서류전형이나 면접조차 없이 뽑았다. 너무 지나친 지자체의 특채 현실이 기가 막히다. 재량권과 양심을 초월한 한심한 공직자의 특채 현실을 엄격하게 감사하여 문제의 근원을 치유할 수 있는 방법을 찾아야 한다.

성남시도 고위직과 친척 자녀 42명을 청소년육성재단과 문화재단, 시설관리공단, 산업진흥재단 등에서 특채했다. 오산시 역시 전 시장의 친인척과 산하단체장의 친인척 6명이 시 산하기관 등에 특채됐다. 채용응시자가 시장과 국회의원 같은 고위층이나 시 간부 친인척이면 해당기관에서 알아서 특채할 수밖에 없는 현실이 문제다. 공정성이 담보되는 특채의 구체적이고 현실적인 채용규정을 마련하여야 한다.

서울대도 지난 4년 동안 직원특채에 선발규정을 위반했다는 의혹인데 면접관의 과반수가 외부인이어야 함에도 서울대 교직원들로 구성했다. 규정을 위반하면서 자교 출신자를 상식 밖으로 높게 선발하여 전체 특채의 82%에 이르고 있다. 있을 수 없는 한심한 일로, 조속히 제도개선을 하여야 한다.

지자체와 국가기관 등 모두에서 자행되고 있는 특채제도를 하루빨리 개선할 것을 요구한다. 정부와 한나라당은 5급공무원 채용 때 정원의 50%를 특별채용으로 뽑으려던 계획을 백지화한 것은 현실에 비춰볼 때에 너무나 당연하다. 완전한 제도를 확립하고 규정을 만든 후에 공정하게 특채를 하여야 한다. 공정성이 존중되는 사회를 만들기 위해서는 공직자와 기관에서 솔선수범을 보여야 한다. 공정성은 기득권 세력의 부정과 불공정을 응징하는 칼날로 작용돼야 한다. 공정성이 바로 설 때에 도덕률이 존중되는 사회가 될 수 있다. 이해관계를 조정하는 국가기능의 기본이 공정성에 있음을 인식하기 바란다.

아직도 우리 사회가 공정하지 못하고 권력의 작용에 의해 좌우되는 실정이다. 불공정은 권력과 있는 자가 힘으로 이익을 추구할 때 생기기 마련이다. 능력이 있음에도 고위층과의 관계를 이유로 역차별을 받는 것은 국가의 불행한 일이다. 음습한 현대판 음서의 뿌리가 넓고도 깊게 뻗어 있는 현실을 극복하려는 노력이 절실한 때다. 관계당국은 차제에 특채제도의 공정성을 확보하려는 피나는 노력을 해야 한다. 객관적 요소와 평가기준, 면접위원들의 공정성 등을 철저하게 지켜가도록 규정을 강화해야 한다. 감사기능이 전무하다시피 한 지자체에 대한 새로운 감독기능을 마련할 필요가 있다. 직원채용은 물론 사업도 단체장 마음대로 하기 때문이다. 글로벌시대에 다양한 전문인력을 공정하고 투명한 방법으로 특채하는 것이 바람직하고 사회와 국가를 발전시켜갈 수 있음을 강조한다. (2010.09.16.)

국민기대 큰 野·政 협의

　오늘 개최되는 야·정(野政) 협의에 국민의 관심이 많은 만큼 합리적이고 효율적인 결과를 기대한다. 제1야당인 민주당의 제의로 정부의 경제부처 7개 장관들과 민주당 10명의 정책위의장단이 얼굴을 맞대고 당정협의를 한다. 선진국은 야당과 정부의 장관이 자주 만나서 현안을 논의하나 우리나라는 이번 만남이 처음이라는 데 의미가 있다. 중국의 미국과 일본의 무역마찰로 우리의 피해를 예상하는 문제까지도 논의를 통해서 대안을 모색하기 바란다. 국내외 문제해결에 지혜가 요구되는 시기다. 국민과 국가를 위한 일에는 여야가 없이 아이디어와 현명한 대안을 모아야 한다. 무조건 반대하며 권력투쟁 일변도였던 야당의 획기적 발상에 의해서 이루지게 된 것 또한 매우 긍정적이다. 정부도 형식적인 만남이 아닌 진지한 논의와 토론을 거쳐서 커다란 도움을 얻어야 한다.

　　민주당은 이를 계기로 강경투쟁으로 인해 실종된 정치력을 복원하는 기회가 되어야 한다. 야당도 이제는 국민이 체감할 수 있는 민생현안을 정부와 협력하는 방법으로 해결하는 생활정치를 구현해야 한다. 야당과 정부는 수해피해로 허덕이는 수재민들에게 지원 대책을 만들어서 희망을 주어야 한다. 뿐만 아니라 경제적으로 어려움과 불신을 극복하는 일에 야당과 힘을 모으므로 효과를 기대할 수 있다.

　　정부는 민주당에 한·미 FTA 비준 동의안 등 54개 주요법안과 내년도 예산안 처리를 협조하게 된다. 해마다 예산통과 때문에 국민을 걱정시키고 시간을 넘겨 국정에 차질을 빚어왔다. 민주당은 골목상권 보호를 위한 기업형 슈퍼마켓 관련법 등 40개 법안에 대한 정부의 지원이 절실하다. 그리고 복지예산 확충을 위한 4대강 예산삭감 등을 요구할 방침이다. 이 모든 것이 이해하고 토론하면 좋은 대안을 찾을 수 있는 일이다.

　　민주정치의 기본은 토론을 통해 대안을 모색하는 데 있다. 상호의견 차이를 진지한 토론을 통하여 합일점을 모색하여야 한다. 기준은 반드시 국민과 국가를 위한 것이어야 한다. 오늘의 첫 만남에 성과가 없으면 시간낭비라는 비난을 면키 어려우므로 상호이해와 협력방안을 모색하는 일이 중요하다. 커다란 성과를 올려 국민에게 도움을 준다면 앞으로 지속할 수 있는 모델이 될 수 있다. 현실적으로 경제지표는 회생하고 있지만 서민대중의 살림살이는 어렵기 짝이 없어 중지를 모아 대안을 마련해야 한다. 지속된 수해로 인해 농수산물 가격이 폭등하고 가재도구가 수몰된 지역민은 아우성이다. 이들을 위해서도 시급한 방안과 중장기대책에 대해 논의하기 바란다. 폭우와 장마로 과수나무가 부러지고 과일이 떨어져 농민을 비롯한 민심이 심각하게 요동치고 있다.

야·정 협의를 통해서 이러한 당면 현안을 논의하고 장기적인 대책을 논의해야 한다. 정기국회에서 다뤄질 민생법안과 내년도 예산안 처리를 위한 현명한 아이디어와 협력체계를 이루기 바란다. 국가살림과 민생현안 해결을 위해 머리를 맞대어 대안을 마련하는 야·정 협의가 이뤄져야 한다. 정부와 민주당이 진정한 국정 동반자라는 새로운 인식을 바탕으로 역할을 할 수 있는 신뢰와 분위기를 만들어가는 일이 우선이다. 상호 간의 신뢰와 협력을 바탕으로 모든 현안을 풀어간다면 사회는 엄청난 발전을 기대할 수 있다.

정부는 형식적으로 야당에 협조를 구하려는 소극적인 사고를 버리고 적극적이고 동반자 입장에서 성의 있는 대화를 하는 것이 바람직하다. 야당도 현실을 외면한 채 특정문제를 제기하지 말고 국가와 국민을 먼저 생각하여야 한다. 효율적인 국민을 위한 야정의 민생 협력체계 분위기를 지속시켜갈 때 국민의 정치인에 대한 불신을 극복할 수 있다. 민주당도 이제 협력하는 대승적 자세를 갖고 정부에 적극 협조하여야 한다. 정치는 결국 국민을 위하여 전력을 기울인다는 원칙이 이번 기회를 통해 구현되어야 한다.

앞으로는 법으로 정해져 있는 국무총리 훈령인 당정협의 업무운영 규정에 따라 야당과 정당정책협의회를 운영해갈 것을 촉구한다. 정부와 민주당은 친서민 정책을 외치는 현실에서 공통적이고 효과적인 방안을 찾는 일이 중요하다. 입장 차이가 좁혀지지 않는 사안은 국민 입장에서 대안을 찾으려는 자세를 가져야 한다. 이번 일을 계기로 앞으로는 대통령과 국무총리도 야당지도부와 정책협의를 정례화하기 바란다. 정부와 야당은 서민을 위하는 정책을 협력하여 실천해야 한다. 국가와 국민을 위해서는 정부와 야당이 함께 협력하는 계기가 되어 앞으로는 지속적으로 이러한 만남이 이루어지길 기대한다. 급변이 예상되는 북한문제와 국제정세에도 야당과 머리를 맞대고 논의하여야 한다. 글로벌시대를 향한 한민족의 위대한 이상과 꿈의 실현을 위해서 정부와 야당이 협력하여 앞장서길 바란다. (2010.10.01.)

기러기 아빠

글로벌시대의 필수인 영어교육을 시키고 국제경쟁력을 강화하기 위해서 어머니가 자식과 함께 외국 현지에서 생활하는 가정이 늘어나고 있다. 아버지는 외롭게 한국에 홀로 남아 돈을 벌기 위해서 불철주야 전력을 기울인다. 얼마 전 어느 도시에서 학원을 운영하는 기러기 아빠가 돈 때문에 목을 매어 목숨을 거둔 안타까운 사건이 발생했다. 예전과 달리 학원운영이 잘되지 않아서 외국으로 생활비를 보내기가 어렵게 되자 많은 고민을 하면서 외국에 있는 처자식에 대하여 크게 걱정하였다고 주변사람은 말하고 있다. 기러기 아빠는 우리나라의 가족에서 아빠만 남겨두고, 아이와 아내는 외국으로 유학을 가는 것을 말한다. 엄마는 현지에서 자녀돌보기에 여념이 없어 돈을 벌지 못하는 실정이다.

한국에 남아 있는 아버지는 대부분 홀로 의식주를 해결하면서 힘들게 생활한다. 심적으로 외로워서 마음의 고통이 매우 심하다. 외국에 있는 부인과 자녀가 경제적인 불편을 겪지 않도록 아버지는 그야말로 최선을 다하여 돈 벌기에 열중하고 있다. 마치 돈벌레처럼 일만 한다. 가족에 대한 그리움과 고독을 잊기 위해서 때로는 독주를 마시며 마음을 달래기도 한다. 아빠는 불규칙한 식생활과 스트레스로 건강을 많이 해치기도 한다.

한국의 기러기 아빠 출현은 국제교류가 활성화된 80년대 이후 심하게 발생하고 있다. 부부관계를 훼손하고 아버지의 지나친 희생을 강요하는 비정상적 사회현상인 기러기 아빠의 개선이 시급하다. 외국에서 자식과 생활하는 부인이 경제적 부담이 없도록 매달 생활비를 보내준다. 이로 인해서 영국, 미국, 호주, 캐나다, 뉴질랜드에 거주하는 한국인 학생이 많이 늘어났다.

덕분에 학생들의 영어실력은 늘어가고 있으나 이들 역시 현지적응에 많은 문제가 있다. 열등의식과 차별의식으로 때로는 약물을 복용하고 반항하여 폭력 등의 사회문제를 일으킨다. 큰 꿈과 이상을 키우면서 열심히 공부해야 할 청소년 시기에 외국생활에 제대로 적응하지 못하면서 생긴 분노와 반항심은 또 다른 문제를 야기해 학생의 장래가 부정적으로 나타나기도 한다. 핵가족화로 자녀 한두 명에 대한 지나친 기대와 희망을 갖기 위해서 기러기 아빠가 되는 사례가 많은데 결국은 가족의 파멸과 비극을 초래하는 일이 빈번하다.

글로벌시대를 행복하고 현명하게 살아가기 위해서는 가족구성원의 능력에 맞는 일자리를 찾아 최선을 다하면서 보람을 찾아가야 한다. 세계 220개국에 거주하는 65억 명의 참된 행복을 위한 인류공동체는 구성원 한 사람 한 사람에 있음을 인식하여야 한다. 이들의 진정한 행복을 위한 일에 기여하는 젊은이가 되도록 한국 가정에서의 교육이 우선이다. 아직도 세계에는 빈민국 아동들이 굶주리고 병들어 신음하며 살아가는 국가가 너무 많다.

이같이 어렵고 힘든 나라 사람들을 생각하면서, 의식주 문제에 걱정이 없는 우리나라의 생활에 감사하면서 살아가는 자세가 필요하다. 어렵고 힘들 때에 농경사회의 이웃처럼 서로를 위로하고 함께하면서 문제를 풀어갔던 지혜를 지금 펼쳐야 할 때다. 더불어 살아가려는 사회적 분위기가 확산되어 무조건 외국으로 떠나는 이산가족의 비극과 슬픔 속에 헤매는 기러기 아빠가 없어져야 한다. 더 이상 기러기 아빠가 생활고로 인해 목숨을 끊는 일이 있어서는 안 된다. 그러기 위해서는 내일의 이상과 꿈을 공유하면서 가족끼리 힘을 합치고 지혜를 모아서 아름답게 살아가는 자세가 절실하다.

인생은 결과가 아닌 행복을 위해서 노력하는 과정이 중요하다. 다문화시대에는 국내에서 새로운 의식과 가치관으로 많은 외국인들을 위해서 기여할 일거리가 있다. 이것을 자원봉사 활동을 통하여 도와주면서 함께 보람을 찾는 공동체 노력이 절실한 때다. 혼자 할 수 없는 일을 부부가 지혜와 힘을 모아서 최선을 다해갈 때에 가족의 진정한 행복도 창출될 수 있음을 강조한다. 어느덧 지루했던 장마가 지나가고 농작물의 피해가 컸던 여름날의 고통을 진정한 가족사랑으로 극복해가야 한다.

자식을 위해서 사랑하는 가족이 떨어져 사는 고통은 쉽게 감내하기 어려운 일이므로 반드시 사랑하는 부부가 같이하여야 한다. 글로벌시대에 더 이상의 기러기 아빠가 생명을 잃는 비극이 있어는 안 된다. 진정한 인간의 사랑과 행복은 신뢰의 가정공동체에서부터 이루어

지기 마련이다. 아무리 경쟁력이 강한 글로벌시대라도 우리 민족의
따뜻한 인정이 넘치는 아름다운 가족공동체를 결코 멀리할 수 없음
을 강조한다. 가족구성원의 불행은 가정의 비극과 사회의 불행을 낳
기 때문이다. 모든 인류가 기러기 아빠가 없는 가족을 중심으로 한
신뢰와 사랑으로 꽃피워갈 때에 진정한 인류의 행복을 구현할 수 있
음을 기대한다. (2010.10.07.)

14

김치문화

　김치는 우리 민족의 대표적인 겨울반찬이다. 과거에는 가을에 배추와 무김치를 담가서 겨울반찬으로 사용했으나 근래 와서는 품종개량으로 사계절에 배추, 무 생산이 가능해지자 1년 내내 밥상에 김치가 올라온다. 1960년대 나도 가을에는 하얀 쌀밥에 갓 담근 김치와 밥을 먹었다. 요즘은 김치를 먹지 않는 청소년들이 늘어나고 있으나 아직까지는 대부분 사람들이 김치를 즐겨 먹는다. 특히 라면을 먹을 때는 필수품처럼 되어버렸다. 김치는 우리 민족의 대표적인 식문화를 키워오며 역사와 함께 해오고 있다. 어느 지역에서는 지금도 수십 년간을 10월이 오면 김치축제를 개최한다. 김치의 발효된 새큼한 맛을 통하여 우리 민족의 전통성과 고유성을 찾으면서 아름다운 추억을 만들기도 한다.

　김치는 서구화된 우리의 입맛 속에서도 꾸준히 밥상을 떠나지 않고 있다. 수천 년을 내려온 김치사랑은 우리 민족이 꾸준히 즐겨 먹어온 결과이다. 최근에는 가정마다 김치냉장고가 공급되어 1년 내내 맛있는 김치를 먹게 되었다. 우리의 김치문화는 세계적인 반찬으로 많이 보급되어 각광을 받고 있다. 외국인 관광객들이 불고기를 김치와 같이 먹으며 아주 맛있어하는 모습을 흔히 볼 수 있다. 해마다 김치소비량이 줄어들지 않는 이유는 독특한 맛과 품질 때문이다.

금년에는 잦은 비와 무더위로 배추가 부족하여 가격이 천정부지로 뛰어올랐다. 특히 농민들은 한 해 걸러서 배추농사를 과소·과대하게 짓는 습관이 있어 가격파동의 요인이 된다. 한 해에 배추 값이 비싸면 다음 해에는 배추를 안 심고, 다시 배추 값이 오르면 배추를 많이 심는 풍토다. 습관적인 영농방법이 개선되지 않아 배추파동이 일어나고 있다. 배추가 풍년일 때에는 한 포기에 500원으로, 뽑는 인건비도 나오지 않아 밭에 방치하여 겨울을 보낸 해가 있었다. 그런데 올해는 농민들이 배추농사를 적게 지은 데다 홍수로 인해 작황이 나빠지면서 금배추 소리를 듣고 있다.

김치는 우리 고유의 식품으로 삼국시대부터 담가 먹었다는 기록이다. 신라, 고려시대에는 나박김치와 동치미도 개발되어 백성들이 즐겨 먹었다. 지방에서는 대개 지(漬)라고 하였으며, 제사 때는 침채(沈菜)라 했다. 궁중에서는 젓국지·짠지·싱건지 등으로 불렀다. 지금처럼 배추김치 담그는 법은 조선 후기에 개발된 것으로 알려지고 있다.

김치는 우리 민족과 함께해오면서 많은 사연을 안고 있다. 김치에 관한 내용이 '농가월령가'에 기록되어 있다. "무 배추 캐어 들여 김장을 하오리다. 앞 내에 정히 씻어 함담(鹹淡)을 맞게 하소. / 고추 마늘 생강 파에 젓국지 장아찌라 독 곁에 중두리요 바탱이 항아리요. / 양지에 가가 짓고 짚에 싸 깊이 묻고 박이 무 알암 밤도 얼잔케 간수하소.” 이 노래는 조선시대 헌종 때 지어진 ‘농가월령가’ 중 시월의 노래이다. 우리 민족의 대표적 음식인 김치를 통해 그 속에 담긴 민족 정서와 사연을 찾아볼 수 있다. 김치는 대표적인 발효음식이며 과학적으로 볼 때 영양가가 풍부하다. 김치는 지역적으로 다양하게 발달하여 종류와 맛 등이 다양한 특성이 있다.

지금처럼 배추 값의 파동은 수십 년간 답습되어온 유통구조의 문제가 크다. 생산한 농민은 배추를 싼 값에 팔고, 중간상인은 몇 십 배씩을 올려 받는다는 보도다. 이를 왜 개선하지 않고 방치해왔는지 당국자는 진정으로 반성하여야 한다. 농산물의 유통구조 개선을 위해서 정부의 적극적이며 다양한 대책을 수립하여 실시하여야 한다. 도시의 소비자와 농촌의 생산자가 결연을 해서 직거래할 경우 생산농민과 도시소비자는 각각 15%씩의 이익을 보게 된다. 이러한 직거래방식의 정착을 위한 당국의 노력이 필요하다. 지자체와 사회단체가 중심이 되어 실시하면 가능하다.

봉사단체들이 앞장서서 독거노인과 소년소녀가장에 김치를 담가 전달해주어 올겨울을 잘 보낼 수 있도록 노력을 강화하기 바란다. 서민들은 값이 비싸고 요리기술을 요구하는 반찬을 먹기가 힘들어서 대부분 한 번 담가 겨우내 김치를 먹게 된다. 이제 우리의 겨울반찬으로 먹는 김치문화에 대하여 여러 방향에서 생각해볼 필요가 있다. 공동체 생활 속에서 나눔의 미학을 실천해온 김치문화를 더욱 발전시켜가는 일이 중요하다.

김치가 부족하면 다른 반찬으로 식사를 즐길 수 있는 방안도 찾아야 한다. 글로벌시대의 활발한 세계음식 교류를 수용하는 의미에서도 반찬의 다양화는 이뤄져야 한다. 나눔을 통해 부족함을 극복하였던 우리 민족의 슬기를 배추 부족에서 실천해가야 한다. 이웃과 함께 조상들을 생각하고 이야기하면서 겨울반찬으로 배추김치를 담갔던 공동체 김치문화를 배추흉년에 생각해 보아야 할 것이다. (2010.10.14.)

행복을 위한 땅방울

평생을 행복하게 웃으면서 만족하게 살아가는 사람이 많지 않은 현실이다. 갖가지 고난과 역경을 극복하며 어렵게 살아가는 사람들이 많다. 인간의 보편적인 삶의 목표는 행복추구에 있다. 대부분의 사람들이 이를 위해서 불철주야 피땀 흘리며 살아간다. 삶의 질이 높아야 인간답고 행복하게 살 수 있다. 사회구성원으로 삶을 영위해가는 동안 개개인의 노력으로는 한계가 있어 행복을 구현하기가 쉽지 않다. 국가와 사회의 각별한 노력과 지원으로 이에 도움이 될 수 있어야 한다. 스티글리츠 교수는 국가수준에서 행복(well-being) GDP 도입의 필요성을 강조하고 있다. 모든 국민의 보건, 교육, 정치, 환경, 사회적 관계, 사회경제적 안정 등을 모두 포괄하는 제대로 된 GDP를 주장한다. 물론 국가와 사회마다 행복의 기대와 종류가 다르지만 얼마나 인간다운 가치를 추구하며 아름답게 살아가느냐의 문제이다. 경제적인 풍요로움만으로는 행복할 수 없으며 가치를 통한 만족도가 얼마나 높으냐가 관건이다. 정치 경제 사회 문화가 통합적으로 순기능을 다해갈 때에 행복구현의 가능성은 높아지기 마련이다.

산업화된 국가 중에서 북유럽 국가의 사회구성원들이 가장 행복하다고 하는데, 이는 국민의 만족도와 가치구현의 결과로 볼 수 있다. 미국 같은 경쟁만능의 자본주의 시장국가에서 사회구성원들의 치열한 경쟁과 뛰어난 재능만 평가를 받고 있음은 당연한 일이다. 행복을 찾고 만끽할 수 있는 여유가 없고 물질가치를 최우선적으로 중시하기 때문이다. 승자독식의 정글자본주의에서 스트레스를 받지 않고 행복을 느낄 사람은 거의 없는 상태에서 어떤 삶이 최선인가를 진지하게 생각해봐야 한다. 시인 소로는 "인생은 짧고 다시 되돌릴 수 없다. 하지만 우리는 삶의 순간순간마다 존재의 경이로움에 놀라며 삶의 의미를 맛볼 수 있다"고 말했다. 삶의 의미는 때로는 번민하고 땀 흘리는 힘든 노력이 수반되어야 한다. 얼마나 소중한 시간에 기쁨의 땀방울을 흘리면서 생활하느냐에 따라서 행복을 찾을 수 있다. 행복이야말로 이 시대의 진정한 가치가 되어 모든 사람들이 추구하는 목표가 됨을 인식하여 국가나 사회에서 이의 구현을 위한 시책을 펼쳐가고 있다.

자신의 정당하고 가치 있는 일에 기쁨과 보람의 땀방울을 흘리고 진정으로 행복을 찾을 수 있는 세상을 만드는 일에 모두가 앞장서야할 때다. 남녀노소를 불문하고 자원봉사 활동을 자랑스럽게 생각하며 시간을 쪼개서 헌신하는 것도 따지고 보면 자신의 행복한 삶을 위한 노력이다. 아무리 바쁘고 힘들어도 남을 위해서 도움을 주고, 그것이 자신의 기쁨과 보람으로 생성될 때에 진정한 삶의 의미를 찾을 수 있다. 자신이 생활하는 지역사회 공동체를 위해서 헌신하므로 신뢰관계를 진작시키고 기쁨을 창조해가는 일보다 더 소중한 일은 없다. 이를 위해서 일상에서 아주 쉽고 작은 일부터 실천해가야 한다. 골목길 청소를 매일 아침마다 하며 독거노인이나 소년소녀가장에게 정겨운 대화와 따뜻한 사랑으로 가족의 역할을 해준다면 이보다 더 기쁜 일은 없을 것이다. 목마른 사람에게 물을 주듯이 꼭 필요하고 절실한 사람에게 도움을 줄 수 있는 자세와 능력을 갖추고 철저하게 실천하는 의지가 필요한 세상이다. 사랑의 열매로 모금한 돈을 횡령한 사회복지 공동회의 파렴치한 행동은 이 같은 의지를 꺾을 수밖에 없다.

　도움에는 많고 적은 것과 돈의 유무와 관계없이 상대의 당면하고 절실한 것에 대한 이해와 지원이면 훌륭하다. 사사로운 번민을 전문 상담가가 아주 간단하고 명쾌하게 해결해준다면 이보다 더 큰 기쁨은 없을 것이다. 일상 속에서 가장 가까운 이웃에서 친구에 이르기까지 문제를 해결해주고 위로해주는 일을 먼저 찾아서 실천해야 한다. 공동체의 행복도 아주 작은 일에서 시작되므로 솔선수범하며 살아가는 지혜가 절실하다. 배추 부족으로 겨울 김장을 담그지 못하는 사람에게 배추를 나눠주는 일은 행복한 일이다. 고통을 받는 사람을 위로해주고 희망의 이야기로 가슴 설레게 해주는 일은 한 생명을 살리는 것과 같다. 인류의 행복은 우리 이웃집의 고통과 작은 문제를 정성을 다해서 해결해줄 때부터 시작된다. 우리 주변의 힘들고 어려운 이웃에 좀 더 많은 관심을 갖고 사랑으로 베풀어주는 일부터 열심히 하여야 한다. 홀로 몸져누워 있는 외로운 환자에게 다정한 벗이 되어 이야기를 해주자. 거동이 불편한 사람에게는 빨래를 해주고 등을 닦아주는 일도 행복을 위해 흘리는 땀방울이다. 가치 있고 아름다운 땀방

울을 많이 흘리는 사람만이 진정으로 멋있는 사람이다. 가을날의 행
복을 위해서 벼 이삭을 줍듯이 작은 노력을 하기 바란다. (2010.10.19.)

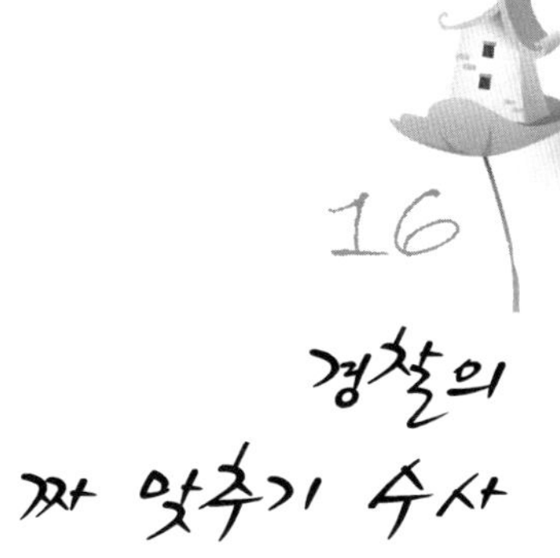

경찰의 짜 맞추기 수사

일제강점기의 경찰은 무법천지로, 권력을 휘둘러서 우리 민족을 죽이거나 괴롭혔다. 울던 어린아이도 왜놈 순사가 온다 하면 울음을 그쳤을 정도다. 일본에서 주먹을 휘둘렀던 낭인들과 폭력배를 한국에 순경으로 파견하여 폭력을 행사하며 식민통치를 했다. 지금이야 국민에게 봉사하는 친근한 이웃 같은 민주경찰로 대접을 받고 있다. 그런데 이번에 이상한 사건이 터져서 국민들을 놀라게 한다. 경찰조사를 받던 40대를 범법자로 몰아세워 자살을 했다는 유족의 주장이다. 경찰조사를 받던 40대 폐비닐 수거업자가 "힘없고 고생하는 사람을 범죄자 만들어서 한 건 올리면 보탬이 될까? 아이들은 한 명은 수능이고, 한 명은 중3이며 사춘기인데……"라는 유서를 남기고 자살했다. 유서에서 '경찰의 짜 맞추기 수사 때문에 힘들다'는 취지의 내용을 상세히 적었다.

남양주 일대에서 폐비닐 수거를 해오던 이 사람은 최근 경기지방
경찰청 제2청으로부터 내사를 받아왔다. 혐의는 보조금의 예산 및 관
리에 관한 법률위반이란다. 경찰은 이 모 씨가 공단 및 지정된 공급
업체로 폐비닐을 운반하지 않고 수익을 올리기 위해서 일반업체로
운반해 운반비를 받은 것으로 보았다. 폐비닐 수거업자들에게 전표를
발급해 환경공단과 남양주시로부터 수거보상금과 장려금 등을 부당
하게 지급받았다는 의혹을 받았다. 이 사람은 지난달 초 참고인 신분
으로 한 차례 경찰의 조사를 받은 뒤 지난 12일부터 피내사자 신분으
로 조사를 받아왔다. 자신의 차량과 집에 대해 경찰로부터 압수수색
도 당했다. 이런 가운데 한 야산에서 목숨을 끊었고 유서도 남겼다.
유서에는 "짜 맞춰 수사하는 과정에서 눈물이 난다. 또 경찰의 질문
은 이상해 경찰이 바라는 대답으로 수사한다는 느낌이 든다. 힘없고
현장에서 열심히 일하는 사람들을 범죄자로 만들어서 한 건 올리면"
이라고 기록되었다.

부인은 경찰이 남편을 폐비닐 수거업자들에게 공단과 시에서 지급
하는 보상금과 장려금을 부당하게 수령하도록 한 범법자로 몰았다고
주장했다. 유가족은 억울하기 짝이 없게 됐다. 경찰의 과잉수사로 고
귀한 생명을 잃었다면 지탄받아 마땅하다. 분명한 것은 어느 누구도
이 같은 오해나 실상이 있어서는 안 된다. 물론 경찰도 격무에 시달
리고 업무를 추진하기가 쉽지 않지만 억울하게 목숨을 끊게 하는 수
사를 절대로 해서는 안 될 일이다. 초행길을 헤매는 행인에게 웃으면
서 친절하게 길을 안내해주고, 집안에 침입한 도둑을 신속하게 잡아
내는 경찰의 믿음에 의문을 가게 한 사건이다.

아무리 급하고 중요한 사건이라 하더라도 사람의 목숨보다 더 중

요하지 않다. 수사의 실적을 위해서 만약 지나치게 했다면 전체 경찰의 책임이 크다. 수사목표에 맞추기 위해서 강압적으로 자백하도록 하는 일이 있어서는 절대로 안 될 일이다. 아직도 경찰의 업적 때문에 과도한 수사가 이루어지고 있어서는 안 된다. 철저한 과학수사로 물증을 찾아서 범행을 확인하여야 한다. 그렇지 않고 의심이 간다고 고문을 하거나 괴롭힘을 주어 자백하도록 하는 일이 있어서는 절대로 안 된다. 국민들의 시각이나 피해가족의 감정으로 볼 때에 짜 맞추기 수사라는 말이 나오는 자체에 문제가 있음을 경찰은 인식하기 바란다. 피해자의 인권까지도 존중하면서 과학적인 물증수사를 하기 위해서 최선을 다하는 경찰이 되어야 한다. 우리도 미국처럼 범죄감정이 과학적으로 철저하게 이루어져야 한다.

미국범죄감정과학연구소 소장보드(American Society of Crime Laboratory Directors)에 소속되어 있는 범죄감정과학연구소는 200개 이상 회원연구소(전체의 2/3)를 두고 있는데 자기 연구소의 모체부서를 '경찰부서'라고 한다. 80개 정도의 회원연구소들은 '경찰부서 이외의 다른 정부부서'를 모체부서로 하고 있다. 20개 정도의 회원연구소들은 상업회사나 대학이 자기 연구소의 모체부서다. 200개 이상의 범죄감정과학연구소들은 아주 다양한 시설을 보유하고 있다. 500명 이상의 범죄감정 과학전문 연구원이 있어 모든 분야의 범죄감정을 할 능력이 있다. 연구개발 능력이 있는 'FBI 연구소'가 미국에서 가장 큰 규모의 연구소이다. 또한 일리노이 주 경찰에 부속되어 있는 연구소도 200명의 연구원이 있다. 이 같은 대규모의 경찰연구소 활동으로 과학적으로 범죄인을 잡고 있는 현실을 우리도 수용할 필요가 있다. 아직도 억울하게 경찰수사를 받거나 미행을 당하는 사람이 있어서는 안 될 일이다. 경찰은 동서양을 막론하고 국민을 위해서 헌신 봉사하는 마음을 가져야 한다. 선진국 진입을 앞두고 있는 우리나라가 이제는 봉사하는 민주 신뢰 경찰상의 정립을 위해서 최선의 노력을 기울여야 할 때다. (2010.10.26.)

저출산과 고령화 사회에

1960~1970년대에는 다산에서 소산을 유도하는 정부의 홍보활동이 한창이었다. 초등학교 교실에 지역사회 주민들을 불러 모아놓고 산아제한 교육을 실시했다. 아들딸을 한두 명씩 적게 낳아서 훌륭하게 기르자는 내용이다. 우리 집은 부모님이 칠남매를 낳아 기르셨다. 형제를 비롯해서 집안 식구가 많으면 애경사를 치를 때에 편리한 점이 많았던 시절이다. 지금은 사정이 정반대로 한 가정에 한 명의 자녀를 두거나 아예 무자식이 상팔자라는 논리를 실천하는 사람이 늘어나고 있다. 우리나라의 1㎢당 인구밀도는 금년 8월 말 현재 서울이 1만 6,586명이고 강원도가 87명이다. 저출산 현상은 전통적으로 가족이 수행하던 기능을 국가와 사회로 이관해 가족인력이 문제가 되지 않아 확대되고 있다. 고학력 여성과 일하는 여성이 증대되면서 출산 기피 현상이 늘어나고 있다. 이런 원인으로 인구가 줄어들고 있는 현

실이다. 경제활동에 참여하는 여성은 1970년 368만 명에서 2000년 900만 명으로 늘어났다.

정부는 5년간 75조 8,000억 원을 투입하는 제2차 저출산 고령사회 기본계획을 확정했다. 저출산 분야에 120%가 늘어난 39조 7,000억 원을 투자할 계획인데 결과는 기대하기 어렵다. 출산의 혜택 때문에 어린아이를 낳는 사람이 적기 때문이다. 지난 5년간 저출산 고령사회 기본법을 만들어 20조 원이나 쏟아부었어도 출산율이 늘어나지 않은 이유다. 세계 최저수준인 1.15명으로 떨어진 출산율을 높이고 고령화를 늦추는 대책이 절실하나 현실적으로 대책에 성과가 없다. 우리 사회의 저출산 고령화는 국가장래에 재앙을 초래할 정도로 심각하다. 최근 우리나라를 방문한 영국의 옥스퍼드 데이비드 콜먼 교수는 “2300년 후에 한민족은 존재하지 않는다”며 저출산 인구 감소현상을 지적하였다. 사람들이 결국 아이를 낳지 않으면 인구는 존재할 수 없다.

이제는 적극적인 출산정책이 필요한 때다. 저출산에 대한 일부 여성들의 부정적 가치관을 긍정적으로 바뀌는 일이 시급하다. 출산과 육아로 인한 개인생활의 지장이 출산을 포기하도록 하고 있다. 국가의 적극적인 저출산 고령화를 위한 총괄 조정기구를 만들어 정책을 추진해가야 한다. 질 높은 국·공립 보육시설을 획기적으로 늘려서 아기만 낳으면 양육은 국가가 책임지는 제도 마련이 시급하다. 저출산 고령화 문제는 우리 사회 모두가 책임을 분담한다고 인식해야 해결해갈 수 있다. 신혼부부에게 주거부담을 경감시켜 주고, 직장 보육시설 설치기준을 완화시켜서 산후 양육걱정을 해결해주어야 한다. 비정규직 근로자 지원을 강화하고 여성 맞춤형 취업지원을 반영하여 인구를 늘려갈 계획을 적극적으로 추진해야 한다. 정부는 직장 보육시설의 설치기준을 완화해서 기업들의 부담을 덜어줄 방침을 속히 추진해야 한다. 비정규직 근로자 지원에 대해서도 강화 방안을 마련하여 출산으로 인한 산모가 직장걱정을 하지 않도록 해주어야 한다. 국세·사회 보험 간 전산망 연계 등으로 비정규직 고용보험 가입을 크게 확대해가야 한다.

일반적으로 인구가 감소하지 않기 위해선 가임여성 1명당 평균 2.3명 정도의 자녀를 가져야 한다. 저출산은 가치관의 변화와 결혼연기 및 기피현상과 자녀양육 부담증가 때문이다. 여성의 경제활동 참여의 증대로 미혼자가 늘어나서 출산율을 저하시킨다. 저출산과 고령화는 경제, 사회 전반에 지대한 영향을 미치므로 적극적이고 효과적인 대책이 필요하다. 우리나라는 현재 저출산 고령화 상태가 매우 심각한 편이다. 우리나라의 올해 출산율 합계는 1.22명으로 세계평균 합계출산율 2.6명의 절반도 안 된다. 선진국 1.57명, 개발도상국 2.82명, 저개발국 4.86명, 홍콩 0.95명과 비교하면 하위권이다. 북한도 합계출산율이 1.97명으로, 남북한 모두 저출산을 극복할 수 있는 대책마련이 시급하다.

인구변화의 문제는 결국 저출산으로 인한 노동력 감소, 고령화로 인한 생산성 저하, 인건비 상승 등으로 인한 기업경쟁력 약화로 우리 경제의 성장잠재력을 떨어트릴 수밖에 없다. 저출산 고령화에 대한 직접적인 원인과 이를 탈피할 수 있는 해결방안을 모색하는 일이 중요하다. 저출산 시대를 극복해서 다산의 기쁨을 사회에서 적극적으로 지지해주는 분위기를 만들어야 한다. 적정 나이에 혼인하는 사회적 분위기로 바꾸고 결혼 후에는 반드시 두세 명의 아이를 낳는 인식을 만들어야 한다. 한정된 지구공간에 알맞은 사람들이 행복하게 살 수 있도록 인구정책을 철저하게 실천해가야 한다. 우리나라는 인구현상 유지를 위한 적절한 출산정책을 펼쳐가는 일이 무엇보다 중요함을 강조한다. (2010.11.11.)

희망적인 청년고용 대책을

　　졸업을 앞둔 대학 4학년생들의 고민이 커가고 있다. 대학을 졸업하면 경제적으로 자립해야 하는 현실을 외면한 채 실직상태가 눈앞에 보여 엄청나게 번민을 하게 된다. 심지어는 고통을 견디다 못한 일부 청년들이 목숨을 끊는 비극을 저지르고 있다. 희망과 꿈을 펼치면서 마음껏 일할 나이에 삶을 포기해야 하는 젊은이를 생각하면 너무 가슴이 아프다. 정부의 일자리 대책이 방향부터 잘못되어 직장을 찾는 청년들의 고통이 심하다. 제10차 국가고용전략회의에서 확정된 청년의 내일 만들기 프로젝트를 보면 2012년까지 71,000개의 신규 일자리를 창출한다는 것이다. 이의 목표는 청년들의 안정적인 일자리 창출과는 너무 적은 숫자이다. 실업상태의 청년을 살펴보면 공식 실업자가 295,000명이고 취업준비자와 구직단념자 등을 합쳐 모두 120만 명이 넘는다. 이들은 연말을 맞아 일자리를 찾기 위해서 몸부림치고 있다.

정부는 내년부터 2년 동안 7만 개 남짓한 일자리를 만들어 취업갈
증을 풀려고 하는데 현실적으로 턱없이 부족한 실정이다. 정부지원금
에 의존하는 37,100명의 취업 확대를 예상한 중소·중견기업 인턴제
는 현실적으로 안정적인 일자리가 되기 어렵다. 확실한 일자리는 공
공부문에서 공무원 증원 1,350명, 공공기관 추가고용 7,200명, 공공일
자리 확대 5,800명 등 총 14,000명이다. 국민세금을 투입하는 방식의
일시적인 청년고용 대책은 결국 공공부문의 비대화로 이어질 뿐 진
정한 고용창출과는 거리가 멀다. 없어도 될 일자리를 단순히 고용창
출을 위해서 늘리겠다는 발상은 버려야 한다. 정부는 청년들이 기대
하는 평생직장을 제공해주지 못할망정 마지못해서 억지로 임시직장
을 제공하려는 발상을 가져서는 안 된다. 반복적으로 실업자의 길을
걸으면서 겪게 되는 고통을 생각하여 장기적인 차원에서 온전한 취
업을 마련해주는 정책을 수립해야 한다. 물론 현실은 처음 잡은 직장
이 평생직장이 될 수 없지만 당당하고 떳떳한 자긍심을 느낄 수 있는
직장을 갖도록 해주어야 한다.

최근 청년고용실태를 보면 1995~2008년 사이 양질의 일자리는 40
만 개 감소한 반면 대졸자는 23만 명이 늘어나 취업의 어려움이 크다.
연간 5천 명의 전문인력이 필요한 발광다이오드(LED) 분야에선 대학
배출인력이 800명에 그치는 기현상이 벌어지고 있다. 청년고용은 민
간기업체가 주가 되어 유망분야에서 양질의 일자리를 제공하는 것이
바람직하다. 청년고용 규모가 비교적 큰 서비스산업의 진입장벽을 낮
추고 노동시장의 경직성을 제거하여 기업의 채용부담을 감소시켜야
한다. 취업을 위한 본질적인 대책을 세우는 일이 시급하다. 독일의 지
멘스는 세계적인 전자제품·의료기기·수송시설 제작사로 여기서

근무하는 직원들은 만족해한다. 고용불안에서 벗어나 소신껏 일할 수 있기 때문이다. 이 회사는 노조와 함께 독일 안의 본사와 자매회사에서 근무하는 무기한 고용보장 협약을 체결했다. 현재 독일에서는 자동차 회사 다임러와 폴크스바겐(VW), 제약회사 바이엘, 독일 철도공사(DB), 보쉬와 만(MAN) 등 굴지의 기업체가 선별적으로 일정기간 고용을 보장하고 있다. 고용보장으로 연간 10% 이상의 생산성 증대 효과를 기대한다.

우리도 이 같은 제도를 도입할 필요가 있다. 국무총리는 청년실업 문제를 직접 관심을 갖고 챙길 거라고 밝혔지만 쉽지 않은 일이다. 청년실업은 사회에 미치는 파급효과가 크고 우리나라의 미래성장과도 관련되어 있다. 청년의 내일 만들기 프로젝트와 관련해 일자리 창출을 위한 많은 대책을 정부가 내놨지만 부실한 정책집행은 국민을 실망시키고 있다. 기획재정부는 예산, 조세 등 재정운용을 고용 친화적으로 추진할 수 있는 구체적인 계획을 마련해주어야 한다. 교육과학기술부와 고용노동부에서는 경쟁력 있는 인력이 배출되도록 학교에서의 정규교육 프로그램을 강화시키고 고용훈련 프로그램 제도를 내실 있게 운용해야 한다. 경제성장에 앞서서 젊은 청년들이 개성과 희망에 따라서 직업을 선택할 수 있도록 해주어야 한다. 정치인들은 미취업자의 고통을 이해하여 하루빨리 그들에게 일자리를 마련해줄 수 있는 일터를 만들기에 최선의 노력을 기울여야 한다. 내일의 취업을 고민하며 죽음을 생각하려는 젊은이들에게 조금만 참고 노력하면 희망이 보인다는 자신감을 심어주어야 한다. 그들이 항상 내일의 취업에 대한 확신과 꿈을 갖고 현실적으로 열심히 생활해갈 수 있도록 사회분위기를 만들어가는 것이 중요하다. 글로벌시대를 영위해갈 젊

은이들이 자신의 역량을 개발하여 최선을 다하는 자세를 갖기 바란
다. (2010.11.17.)

건배사 논란

　　건배사는 모임의 분위기를 고조시키기 위해서 참석자들이 술을 마시기 전에 선창하는 말이다. 역사적으로는 로마시대부터 시작되었다고 한다. 지금도 우리나라는 물론 세계 각국에서 건배사를 즐겨 하고 있다. 우리나라 사람들은 건강과 행복을 위하여, 미국 사람들은 당신을 위하여, 스페인 사람들은 당신의 건강과 사랑과 돈을 위하여가 주로 하는 건배사다. 건배사는 주최자나 초대자 대표가 선창하며 분위기를 살린다. 명쾌한 건배사는 식욕을 돋워주고 친목을 강화시켜준다. 모임이 끝나고 점심이나 저녁식사를 할 때에 반주와 함께 자연스럽게 진행되는 것이 건배이다. 이런 모임은 대부분이 남녀가 같이하므로 건배사에 대한 특별한 주의가 필요하다. 아무리 사소하고 의도가 없다 하더라고 참석자 중 누군가에게 불쾌감을 주는 건배사는 자제하여야 마땅하다. 모임구성원의 기분을 좋게 진작시켜서 식사시간을 즐길 수 있게 해주는 건배사를 하여야 한다. 관행적으로 건배사는 긴장을 풀고 자유롭게 술을 마시는 분위기를 만들어왔다. 때로는 듣기 거북한 건배사를 해서 일부 참석자의 기분을 상하게 만들기도 한다.

그런데 최근 대한적십자사 부총재의 건배사가 '오바마(오빠, 바라만 보지 말고, 마음대로 해)'로 표현되면서 사회가 떠들썩했고, 본인은 부총재직 사표를 내는 결과를 가져왔다. 여성들이 생각할 때에 여권의 무시와 성 비하로 생각할 수 있어 문제가 되었다. 이를 계기로 정치권의 성에 대한 건배사도 변화가 일어나고 있다. 만나는 사람과 말 많은 여의도 정가에서 식사와 함께 나누는 술 한잔에는 반드시 건배사가 따른다. 건배사는 짧은 시간에 서로를 분명히 각인시켜주는 효과가 있다. 건배사를 통해서 술자리의 자유스러움과 친밀도가 높아져서 분위기를 매우 부드럽게 한다. 몇몇 유명정치인은 건배사로 인해서 자신의 이미지를 긍정적이고 고마운 사람으로 각인시키고 있다. 건배사는 짧은 시간에 말 한마디가 자신의 이미지 인식에 커다란 역할을 하기 때문이다. 술자리에서 건배사는 제의하는 사람의 개성을 나타내게 되어 때로는 그 사람의 이미지를 각인시키기도 한다. 건배사는 구성원들의 함께하는 모임에 대해서 의미와 성격을 부각시키면서 결속력을 강화시켜주는 기능을 한다. 웃음을 자아내는 재미있는 건배사는 분위기를 화기애애하게 만들어준다. 센스 있는 사람으로 공감을 주고 웃음을 주며 자신의 인상을 긍정적으로 각인시켜주기도 한다.

최근 정가의 건배사는 나라를 위하여라는 의미를 담고 있는 '나가자'가 유행이다. 이 건배사는 '나라와 가족과 자기 자신을 위해서'라는 뜻이다. 매우 건전한 의미가 담긴 건배사이지만 웃음을 자아내며 술자리 분위기를 고조시키기에는 한계가 있어 보인다. 현재 유행하고 있는 건배사로는 해당화(해가 갈수록, 당당하고, 화려하게), 재개발(재미있고, 개성 있게, 발전적인 삶을 살자), 당나귀(당신과, 나의, 귀한 만남을 위하여) 등과 같은 재미있는 것들도 있다. 최근 술자리에서 논란이 되고 있는 대표적인 건배사가 '성행위'다. 이 뜻은 '성공과 행복을 위하여'를 축약한 단어이다. 의미 자체는 긍정적이고 아무런 문제가 없다. 그러나 우리말의 축약어 자체가 매우 선정적이기 때문에 논란이 되고 있다. 여성에게는 창피함과 모멸감을 느낄 수 있는 건배사여서 문제가 된다. 건배사는 축약된 단어의 사투리로 인해서 오해와 선정적 단어가 있는 말은 피하는 것이 상책이다. 건배사는 공적인 장소와 행사 등에는 특별한 주의가 필요하다.

같은 병에 든 술을 동시에 같이 마시므로 술에 독이 없음을 확인하는 계기가 되었던 건배문화가 날이 갈수록 건배사로 시빗거리가 되어서는 안 된다. 다가오는 연말연시를 맞아서 모임이 많으며 함께 마시는 술 때문에 자주 건배를 하게 된다. 이때에 무심코 제창한 건배사가 참석자 어느 누구에게도 불쾌감을 주게 해서는 결코 안 된다. 일반적으로 행사를 마친 후 술잔을 들게 되는데 이때에 기분 좋은 말로 건배사를 하여 분위기를 새롭게 만드는 일이 중요하다. 분위기를 부드럽고 기쁘게 만들어주며 참석자에게 희망과 격려를 주는 건배사를 하는 술자리가 되어야 한다. 시간이 지난 후에도 건배사가 생각날 때마다 기분을 나쁘게 해서는 안 될 일이다. 앞으로 건배사는 참석자 모두에게 기쁨과 즐거움을 심어주고 맛있는 음식을 먹는 데 긍정적인 도움과 자극을 줄 수 있는 내용의 말이 되어야 한다. 긍정적이고 미래의 희망적이며 즐거운 웃음을 주는 수준 높은 건배사를 하여야 한다. 가정과 사회, 국가의 당면한 과제를 해결할 수 있는 건배사는 바람직하다. 다가오는 연말연시의 잦은 술자리가 건배사로 인해서 불편하거나 기분을 상하게 해서는 안 된다. (2010.11.23.)

국회의원
연봉인상

북한이 23일 오후 2시경 연평도를 불법 침범하여 무고한 주민과 국군이 목숨을 거두는 참사가 벌어졌다. 서해안에서 고기잡이를 하며 평화롭게 살던 주민들이 불안에 떨면서 생활터전을 떠났다. 오갈 데 없는 주민들은 인천의 찜질방에서 지내며 분하고 안타까운 속을 태우고 있다. 북괴군은 주민 1,238명이 행복하고 평화롭게 살던 연평도에 느닷없이 폭탄 200발을 발사하여 사람을 죽이고 부상당하게 했다. 이들이 소중하게 살던 정든 집 등의 건물을 파괴했다. 제대를 보름 앞둔 국군 장병과 신입 장병이 순국하는 침통한 현실이 벌어졌다. 북괴의 이해할 수 없는 무력행위에 온 국민이 분노하고 있으며 전쟁의 위험을 걱정하고 있다.

여야 정치권도 대표자들이 피폐한 연평도 현장을 방문하였다. 여야대표의 현장방문은 진지한 대북전략 등의 고민과 논의 없는 형식처럼 보여 안타깝다. 정치권은 북괴의 연평도 침범에 대하여 근본적인 원인을 분석하고 대안을 논의하여야 한다. 자유와 평화를 유지할 수 있는 방안을 모색하며 분노한 국민을 위로하는 일이 우선이다. 서해5도 통합방위군사령부 설립과 전력증강 계획을 수립하는 일 등이 급선무다. 민주당은 서울광장에서 텐트농성을 풀고 국회로 돌아와서 밤을 지새우며 연평도 문제를 논의하여야 마땅하다. 국회는 국가와 민족을 위해서 진지하게 토론하고 고민하면서 근본문제를 해결하기 위해 최선을 다하여야 한다. 매스미디어를 통한 긍정적인 홍보보다는 국민의 뒤편에 서서 실천하고 노력하는 자세가 절실하다.

국회의원들은 이런 와중과 위기에도 국가와 국민을 걱정하기보다는 자신들의 세비인상에 혈안이 된 것 같아 국민은 실망하고 있다. 국회운영위원회는 지난 26일 전체회의에서 국회의원이 1년간 받는 세비를 올해 1억 1,300만 원에서 내년에는 5.1%를 인상하여 1억 1,870만 원을 받기로 하는 안을 의결했다. 세비연봉 증액안을 보면 기본급에 해당하는 수당을 올해 9,143만 원에서 내년도에는 9,601만 원으로 올렸다. 입법활동비도 올해 2,160만 원에서 내년도에는 2,268만 원으로 증액했다. 운영위에서 의결된 이번 안이 예산결산특별위원회를 거쳐 본회의를 통과하면 국회의원 세비는 인상된다. 물론 자신들의 연봉인상이니까 자연적으로 통과될 것이다. 운영위는 이 밖에도 국회의원 정책홍보물 발행 등을 위한 비용을 의원실당 1,200만 원에서 66% 넘게 인상된 2,000만 원을 인상하였다. KTX열차가 통과하지 않는 지역에 대한 의원 공무수행 출장비도 총 2억 7,000만 원 늘렸다. 국가예산에서 자동차며 운전기사까지 다 지원해주는 데도 출장비를 과도하게 올리는 것이다.

북한 연평도 포격사태 기간에 세비인상을 의결하는 국회의원들의 자세는 이해할 수 없는 일이다. 남침의 근본원인을 찾고 대북관계 개선을 위한 방안을 모색하는 일이 시급한 때다. 국회의 본질은 외면한 채 자신들의 사욕을 위해 우선하는 행동은 지탄받아 마땅하다. 국민의 비난과 곱지 않은 시선을 우려한 듯 예산결산특별위원회는 소관기관의 예산심사 결과보고를 하면서 세비인상 부분은 상세하게 공개하지 않았다. 국가와 민족보다는 자신들의 사익을 위한 저의에 대한 거센 비난은 당연하다. 이에 대해 국회운영위원회 예산결산심사소위원장은 애당초 기획재정부에서 내놓은 안에 인상안이 포함돼 있다고 인상배경을 설명했다. 저의를 의심할 수밖에 없다. 단 한 푼의 돈이 없어서 고통받는 서민들의 애달픈 현실을 똑바로 인식하는 국회의원이 되어야 한다. 이를 외면한 채 국회의원이 우선 자기 몫 챙기기로 연봉을 인상하는 것은 유권자의 지탄을 받을 수밖에 없다.

물가상승률에 서민들은 허덕이며 일자리를 찾기 위해서 동분서주하고 있는 현실을 인식하기 바란다. 연말연시를 맞아서 독거노인, 소년소녀가장, 홀로질환자 등 고통 속에서 허덕이는 국민들이 많다. 국회의원은 이들을 위로하고 격려해주려는 자세를 가져야 한다. 유권자의 권익을 위해서 노력하는 마음을 저버려서는 안 된다. 서민대중의 복리증진과 권익을 위해 제도를 개선하고 다양한 기회를 제공하는 방안을 찾아야 한다. 고통받는 어려운 유권자가 희망과 가능성을 갖고 성실하게 최선을 다해서 노력을 할 수 있는 일에 앞장서야 한다. 현장을 발로 뛰면서 그들의 소망을 실현할 수 있는 방안을 찾으며 대화하는 일이 중요하다. 땅에 떨어진 정치인에 대한 불신을 극복하여 신뢰받는 참된 국회의원이 되기 위해서 겸손하고 희생 봉사하여야 한다. 국회의원은 자신의 봉급과 활동비 인상보다는 민중의 참된 지도자가 되기 위해 솔선수범하기 바란다. 지금 국회의원이 누리는 수많은 특권을 강화시키고 세비를 증액한다면 국민의 엄청난 비난을 감수하여야 한다. 공익을 위한 순수한 봉사정신과 활동만이 민중의 지지를 받을 수 있음을 인식하기 바란다. (2010.12.02.)

경제성장의 희망

경제성장만이 사람들이 풍요를 누리면서 잘살 수 있는 길이다. 빈곤한 나라 국민들의 삶은 여유가 없고 고달프기만 하다. 생활을 위한 돈벌이에 수단방법 가리지 않는 모습이 처량하게 보인다. 정부와 전문가는 앞으로 5년간 우리나라의 경제성장이 쾌속 질주할 것으로 예상된다고 한다. 우리 경제가 2015년까지 경제협력개발기구 회원국 중 최고 수준의 성장률을 보일 전망이란다. 반면에 5년 후에는 인구 고령화가 급속히 진행되면서 성장세는 크게 꺾일 것으로 우려하고 있다. 사회변화는 항상 긍정과 부정적인 두 요인이 존재하므로 대책을 세워서 대응하여야 한다. 정부는 앞으로 수출제조업 위주의 성장정책에서 탈피하여 서비스산업 선진화와 녹색성장산업 투자를 확대하며 내수기반을 다져나갈 방침이다. 자유무역협정 확대 등으로 수출시장의 추가확보에 전력할 계획이다.

　　우리나라 경제는 2015년까지 OECD 32개 회원국 중에서 최고 수준의 성장이 가능할 것으로 전망한다. 원인은 우리나라의 강력한 제조업기반과 수출경쟁력 배경 때문이다. 가전, 정보기술, 자동차, 조선 등 핵심 수출산업의 경쟁력이 튼튼하며 수출실적이 계속 호조를 보이고 있다. 우리의 뛰어난 기술로 생산한 제품이 국제경쟁력으로 수출실적을 높인다. 남유럽 재정위기와 북한 리스크 등 대외 불확실성이 상존하지만 우리나라는 제조업을 비롯한 펀더멘털이 비교적 건실한 상태를 유지하고 있다. 지난달 우리나라의 무역흑자는 36억 1,200만 달러이며 10개월 연속 흑자를 나타내고 있다. 정부는 올해의 연간 무역흑자 410억 달러와 수출 4,650억 달러를 초과해서 사상최고치를 기록할 것으로 전망한다. 수출분야별로는 반도체와 자동차, 석유제품과 철강 등 주력품목들이 고른 성장세를 보이고 있다. 이들 제품의 수출경쟁력이 세계시장에서 최고 수준이란다. 우리 경제를 이끌어온 수출은 앞으로도 계속 증대해갈 수 있는 환경변화를 유지해갈 것이다.

　　수출은 우리 경제성장의 기반이며 확실한 힘을 실어주고 있다. 내년 7월에 유럽연합과의 자유무역협정 발효로 수출증대를 통한 경제성장과 일자리 창출이 이루어진다. 국민들의 소비자 이익이 증대되어 커다란 이익을 가져다줄 것으로 예상된다.

　　물론 부정적인 요인도 있어서 2016년 이후에는 잠재성장률이 1%대로 추락할 수 있다. 우리나라의 장밋빛 전망 뒤에는 경제가 저출산 고령화라는 가장 큰 암초를 만나게 된다. 2016년 이후의 저출산 초고령사회가 본격화되면서 경제성장 동력이 크게 떨어져 잠재성장률과 경제성장률이 OECD 중위권 이하 수준으로 하락할 수 있다. 문제는 부족한 노동력 확보와 노인복지 예산의 적절한 처리이다. 이 문제를 원만하게 해결하기 위한 대책을 지금부터 서둘러야 할 것이다. 2016~2025년 노동가능 인구도 0.7% 감소할 전망이며 잠재성장률은 평균 1.8%로 OECD 회원국 중 18위로 추락할 것으로 예상된다. 2016년부터 우리나라는 본격적인 저성장국가가 될 전망이어 적극적인 대책 마련이 중요하다.

새로운 경제성장 동력을 지금부터 다양하게 마련해야 한다. 품질 제일주의와 가격적정가 유지를 통한 수출전선을 튼튼히 하여야 한다. 정부는 수출제조업 중심의 성장구도를 탈피하고 내수확대를 위해 서비스산업을 선진화하며 미래의 환경 중시 트렌드를 기본으로 녹색성장 관련기술과 사업개발에 중점을 두어야 한다. 글로벌 경쟁력을 높여서 수출을 증대하고 국내 소비확대로 기업에 대한 투자요소를 유지해가야 한다. 첨단융합, 지식기반, 녹색기술 분야의 미래경쟁력과 육성대책을 세우는 일이 시급하다. 수출을 통한 고부가가치 창출이 가능한 신성장산업을 중점적으로 육성해가야 한다. 지속적으로 신성장산업 수출전략을 수립하여 과감하게 추진해가는 일이 중요하다.

국가재정 운용계획에 따르면 정부는 신성장동력 투자규모를 2014년에 3조 1,000억 원 수준으로 늘릴 계획이다. 이의 성공을 위해서 기술개발과 수출확대 등의 전략이 절실하다. 녹색기술 연구개발사업도 3조 4,000억 원으로 확대해서 철저하게 대처할 계획이어서 다행스럽다. 기술자, 기업인, 국민이 관심을 갖고 적극 참여하여야 한다. 저출산 고령화를 막기 위한 다양한 노력도 계속적으로 추진하여야 한다. 저출산에 의한 노동력 부족과 고령화에 의한 예산증가를 원만하게 조정하기 위한 철저한 연도별 계획을 수립해가기 바란다. 국내 노동인력 확충과 외국인 노동력 유입문제도 조화롭고 현실적인 방안을 모색해야 한다. 예측 불가능한 글로벌시대의 경제는 다양한 방법을 모색하여 급변 시에 대응할 수 있어야 한다. 미래사회의 경제에 대한 성장과 침체에 대한 실질적이고 구체적인 대안을 찾을 수 있는 역량 개발이 절실하다. 앞으로의 경제성장이 성공할 수 있도록 창조적이고 능동적인 대책을 수립하기 바란다. (2010.12.08.)

국회의원의 싸움질

　국회의 중요한 기능은 매년 국가의 새해예산과 당면한 법안개정을 심의하여 통과시키는 일이다. 국가와 국민들이 바라는 내년예산을 순위와 규모에 따라서 미래의 발전을 고려하여 확정해야 한다. 여야는 당리당략을 초월하여 심도 있게 토론하여 국민을 위한 합리적인 예산안을 작성하여 통과하는 일이 중요하다. 그러나 토론과 대화 없이 마구잡이식으로 몰아붙이는 현실이 서글프다. 이명박 정부는 3년 연속을 여야 대립 속에 물리적으로 예산안을 통과시키고 있다. 야당은 전면 무효화를 주장하며 장외투쟁에 나서서 사회를 혼란으로 몰고 가고 있다. 국가의 가장 필수적인 기관이며 민주적으로 제도를 운영하여야 할 국회의 작태가 기가 막히다. 우리나라의 예산안 통과는 매년 국회의 비정상적 방법에 의한 추잡한 투쟁행태로 통과시키고 있다. 여야 국회의원들은 대화를 통해 원만한 협상을 하며 진솔하고 겸

허한 마음으로 국민과 유권자를 생각하는 자세를 가져야 한다. 이것이 무시될 경우 유권자의 비난과 국회무용론이 급증할 수밖에 없다.

지난 8일 국회는 본회의에서 내년도 예산안을 싸움 끝에 무작정 한나라당이 단독 처리했다. 특히 야당이 주로 반대하는 4대강 개발사업 예산 5조 4,600억 원을 통과시켰다. 국회의원들의 멱살잡이와 주먹질, 싸움 끝에 실신해서 병원으로 실려가는 여자 국회의원의 모습은 폭력집단과 다름없다. 정부의 제출예산안보다 4,951억 원 감소한 309조 5,067억 원 규모의 예산안이 난투극 끝에 통과되었다. 국회의원은 물론 보좌관들까지 가세하여 부상자가 속출했다. 국민대표자라는 의원들이 시정잡배들처럼 벌이는 폭력의 고질성이 계속되고 있는 한국의 국회다. 이로 인해 국민들의 국회불신과 경멸수준이 매년 높아가고 있다. 2008년 12월에는 전기톱·쇠망치·물대포가 동원되어 예산안을 통과시켰다. 지난해에도 미디어관련법을 둘러싸고 여야의원들의 치열한 몸싸움을 벌였다. 한심한 것은 여당은 8년 만에 정기국회 회기 내에 예산안을 처리했다고 자신들의 행동에 의미를 부여한다. 야당은 예산통과의 원천무효를 주장하며 길거리농성과 서명운동에 나서고 있다. 국민들은 연평도 포격으로 공포와 혼란을 겪고 있으며 국방예산의 편성과 강력한 대북정책을 기대하고 있다.

민의를 외면한 채 무작정 투쟁하는 국회는 이제 반성하고 새로운 운영방법을 찾아야 한다. 여야 공존의 원리와 민중을 존중하는 원칙은 반드시 지켜야 한다. 북한은 추가도발을 운운하며 우리 국민을 협박하고 있는데 국회는 대안을 마련하지 않고 싸움질이다. 국가의 대북 위기상황과 경제문제는 논의도 없이 여야의 대책 없는 투쟁은 국민들을 더욱 곤혹스럽게 만들고 있다. 60년의 역사를 지닌 국회가 성

숙함은 고사하고 구태를 답습하며 싸움만 하고 있는 현실이 한심하다. 국회폭력을 예방하는 제도적 장치를 하루속히 만들어 멱살 잡고 싸움하는 저질국회의 모습을 청산하여야 한다. 이번 여당 단독으로 기습 처리한 법안 중 '국군의 아랍에미리트 군교육 지원관련 파견동의안' '한국토지주택 공사법 일부개정안' '국군의 소말리아해역 파견 연장동의안' 등은 야당과 심도 있는 토론을 통하여 재심의를 하여야 마땅하다. 한나라당은 반대가 있는 야당과 토론보다는 자당의 의지대로 행하는 것을 힘이며 권력으로 착각하고 있는 것 같다. 지켜보고 있는 민중의 시야를 외면해서는 안 될 일이다. 국회의원의 힘과 권력의 원천은 국민에게 있음을 인식하여야 한다.

국민들은 4대강 예산 졸속처리 문제를 무조건 밀어붙인 여당과 부족한 대안으로 반대소리만 높여온 야당에 대하여 똑같이 비평하고 있다. 폭력국회를 만든 의원들에게 엄격히 처벌할 수 있는 법을 만들어야 한다. 국민이 뽑은 국회의원들은 결과보다도 절차의 적법성과 합리성을 반드시 지켜야 한다. 국민의 선거에 의해 구성된 민의의 기관으로 국가의 법률을 제정하고 예산을 심의하며 중요한 정책을 결정하는 최고 의사결정인 국회가 매년 싸움의 작태나 보여서는 안 된다. 이제 폭력국회를 종식하고 밤새워 토론하는 민주적인 국회로 거듭나길 바란다. 국회의원의 폭력을 자제할 수 있는 법률을 제정할 것을 촉구한다. 선진국에서는 볼 수 없는 국회의 난투극을 방지하고 토론과 대화를 통해서 진정한 국민의 뜻을 반영하는 국회의 예산안 심의가 이루어져야 한다. 날로 치열해지는 국제경쟁력에서 이길 수 있는 요인을 국회에서 법으로 제정하여야 한다. 지금처럼 싸움할 시간이 없음을 명심하기 바란다. 싸움질하는 저질국회의 오명을 청산하기

위한 국회의원들의 각성을 촉구한다. 자라나는 어린이들에게 싸움질
하는 국회를 어떻게 설명할 수 있겠는가 반성해야 한다. (2010.12.16.)

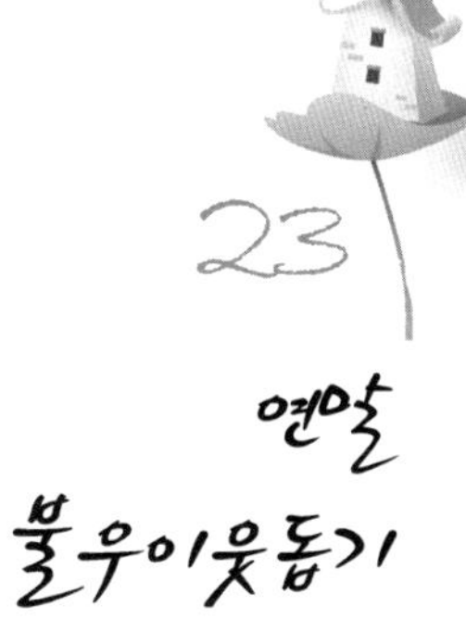

연말 불우이웃돕기

연말이 다가오고 있다. 돈 없고 가난한 사람들은 겨울나기가 두렵다. 연료비와 음식비가 부족해서 최소한의 삶을 영위해갈 수 없는 사람들이 우리 주변에 많이 있다. 이들에게 도움의 손길을 뻗칠 수 있는 사회적 분위기를 만들어가는 일이 중요하다. 공동모금회의 횡령비리 사건으로 작년에 비해 국민들의 기부금 참여가 목표달성에 못 미치고 있다. 구세군의 길거리모금도 크게 줄어 목표액을 달성하지 못한다는 보도다. 자신의 소중한 돈을 불쌍한 사람을 돕기 위해 내봤자 다른 사람이 횡령한다는 의식이 팽배해 있기 때문이다. 이해할 수 없는 사람들의 불법 범죄행위를 규탄하지만 어려운 이웃을 그냥 외면할 수 없는 일이다. 반강제성을 띤 통장을 통해서 불우이웃돕기의 모금활동도 철저한 관리가 절실하다. 불우이웃돕기는 생활 속에서 국민 각자의 자율성에 의해서 이루어져야 한다. 불신사례가 자꾸 발생하면

사회적 분위기는 냉담해질 수밖에 없다.

그러나 다행히 전국 곳곳에서 어려운 이웃의 겨울나기를 돕기 위해 앞장서는 사람들이 있어 사회를 밝게 해준다. 서울 강남의 외딴섬으로 불리는 무허가 판자촌 개포동 구룡마을의 연탄을 걱정하는 주민들에게 연탄을 직접 날라 기증하는 사원들이 있다. 이들은 송년모임을 대신해서 저소득가정에 연탄을 나르는 봉사활동에 참여한 것이다. 정말로 도움이 필요한 곳을 찾아가 연탄나눔운동에 참여하는 사람들이 많다는 것은 다행스러운 일이다. 이들은 5가정에 200장씩, 모두 1,000장의 연탄을 날라주어 추운 겨울을 따뜻하게 보내기를 바라고 있다. 경기도, 강원도 등지에서도 어려운 가정에 연탄과 양식을 전달해주는 사회단체가 있어 다행스럽다. 생존을 위한 의식주문제는 정부에서 지원할 수 없는 만큼 제도적이고 현실적인 문제를 시민단체에서 해결해주어야 한다. 서울의 각 구청이 진행하는 희망 2011 따뜻한 겨울보내기 모금운동이 활발하여 없는 사람들에게 연탄을 공급하고 있어 퍽이나 다행스럽다. 제도상 지원을 받지 못하는 틈새계층과 홀몸노인, 저소득 장애인, 한 부모 가정 등 소외계층 사람들에게 겨울 연탄공급은 아주 절실하다.

가난한 사람들을 위한 1대1 결연사업의 생활화도 감사한 일이다. 자원봉사자로 구성된 몰래 산타들이 가정을 방문해 노래와 율동, 마술 등을 보여주고 선물을 전달하는 모습은 정말로 아름답다. 몰래 산타로 활동하거나 기부금을 후원하는 기부 산타 참여자도 우리 사회를 훈훈하게 해준다. 고양시는 고양어울림누리 어울림극장에서 콘서트를 무료로 열며 불우이웃돕기 기금을 모금하고 있다. 우리 사회는 아직도 정을 나누고 함께 살아가려는 아름다운 마음을 실천하는 온정이 넘치는 사회이다. 물론 공동모금회의 횡령사건같이 있을 수 없는 일이 벌어지기도 하지만 사회 전반적인 가치는 정을 나누며 어려운 이웃을 도우면서 함께 살아가자는 마음이 강하다.

자신의 재산을 사회의 불우한 사람을 위해서 전부 희사하고 죽음을 맞이하는 사람들이 늘어나고 있음도 다행스러운 일이다. 연말의 추위 속에 먹을 음식이 부족하고 입을 옷이 없어 추위에 떠는 사람들에게 조금씩 사랑의 돈을 전달하는 일은 정말로 가치 있고 보람된 일이다. 청주의 어느 사업가는 홀로 사는 노인 등 불우이웃을 돕기 위해 50억 원을 희사하여 복지법인을 설립하고 있다. 해가 갈수록 많은 사람들이 자신의 재산을 자식에게 전수하는 것보다 사회를 위해서 헌납하려는 의지를 많이 갖고 있어 다행스럽다. 행상을 하던 할머니가 평생 모은 전 재산을 불우이웃을 도와달라며 구청에 기부하는 감동적인 사례도 늘어나고 있다. 집안에서 쓰지 않는 헌 옷을 헐벗은 사람들에게 주고 굶주린 이들에게 따뜻한 음식을 대접하는 일에 앞장서야 한다. 이웃과 함께할 때에 어려운 사람들은 추운 겨울날을 원만하게 보낼 수 있다.

사랑은 어려운 이웃에게 부족한 물건을 나눠 주고 내일의 희망과 꿈을 이야기하는 자세를 가져야 한다. 본래무일물(本來無一物)이라는 말처럼 물건에 대한 소유개념의 집착을 버리고 함께 공유하려는 마음이 어느 때보다 절실하다. 물건이 절실한 사람은 도움을 받아서 어려움을 극복하고 살아갈 수 있으며, 도와주는 사람은 도움을 주는 아름다운 자신의 마음을 흐뭇하게 생각할 수 있어 좋다. 한 해를 보내는 연말에 욕심을 버리고 어렵고 힘든 이웃을 도와주므로 보람과 행복을 만끽할 수 있다. 내년의 새로운 꿈을 꿀 수 있도록 도움을 주는 행위야말로 선행 중 선행이다. 생계비가 없어서 고통받고 있는 노인과 환자들을 위해서 일차적으로 이웃끼리 돈과 재물을 모아서 도와주는 일에 앞장서야 함을 강조한다. 선행을 통한 진정한 행복을 만끽하며 연말을 보내기 바란다. (2010.12.23.)

24

시급한 구제역 검역검사청 설립

자신의 생명처럼 소중하게 키우고 관리하던 소와 돼지가 구제역에 걸려 밤이 지나면 땅에 묻히게 되자 농민은 밤새도록 한숨 못 자고 축사를 지키면서 마지막으로 사료를 마음껏 먹을 수 있도록 해주었다. 마치 자식을 저 세상으로 보내면서 밤을 지새우는 듯한 슬픔을 감내하였다. 강원도 어느 농민은 사육하던 자신의 소가 구제역에 걸리자 잠 한숨 자지 않고 축사에서 소들을 바라보면서 길고 추운 밤을 지새웠다는 기사는 우리의 마음을 울려준다. 축산 농가들은 구제역으로 살아 있는 소, 돼지, 양 등 발굽이 둘로 갈라진 우제류를 생매장시키는 고통을 겪어야 한다. 매년 구제역이 발생하고 있으나 특별한 대책이 없는 현실이 안타까울 뿐이다. 다행스럽게 금년부터는 법정전염병으로 지정하여 대책을 세우고 있다. 그러나 한 곳에서 발생하면 전국적으로 빠르게 확산되는 특성 앞에 어쩔 줄 모른다.

경북 안동에서 발생한 지 한 달 만에 구제역이 경기, 인천, 강원, 충북까지 퍼지면서 초비상에 걸렸다. 우리나라는 현재 5개 도 27개 시·군의 65곳으로 구제역이 퍼지고 있다. 구제역의 심화는 축산 농가들의 생업을 끝나게 하여 경제적 파멸을 낳게 하는 무서운 전염병이다. 우리나라는 현재 구제역에 걸린 소와 돼지의 살처분 규모를 보면 2,059 농가에서 44만 3,000마리를 처분하여 경제적으로는 수천억 원의 피해를 보고 있다. 이 구제역은 전염성이 매우 강하며 입술, 혀, 잇몸, 코, 발굽 사이 등에 수포가 생기고 체온이 급격히 상승되며 식욕이 저하되어 앓거나 죽게 된다. 예방을 통한 철저한 관리가 요구되는 이유다. 전염성이 빠르고 국제교역상 경제피해가 매우 큰 질병으로, 우리나라는 제1종 가축전염병으로 지정되어 있으나 원천적인 대책이 없다. 구제역에 대한 근본적인 대책을 세우기 위해서는 예방관리 시스템을 만들어서 철저한 예방사업을 정착시켜가는 일이 중요하다. 조속히 구제역 검역검사청을 설립해서 선진국처럼 상시 가축방역시스템을 구축하는 일이 절실하다.

구제역 오염국을 다녀올 경우 철저한 관리대책의 생활화를 통해서 문제발생을 방지하는 일이 시급하다. 구제역은 잠복기간이 2일에서 14일 정도로 짧으며 감염된 소는 체온상승, 식욕부진, 침울, 우유생산량의 급격한 감소를 나타낸다. 구제역은 피해가 커서 젖소의 경우 착유량의 50% 정도가 감소되며, 결국은 죽게 마련이다. 축산 농민들은 당장 수입이 떨어지므로 빚을 얻어서 생활해야 하는 비상상황이 될 수밖에 없다. 접종방법은 1차 백신을 접종한 후 한 달 만에 보강접종을 하며 6개월마다 계속적으로 접종하는 어려움이 있다. 구제역 확산으로 강원도의 명품 한우 브랜드의 명성이 흔들릴 위기를 맞는 등 농민피해가 엄청나게 크다. 축산 농가들의 필사적인 노력으로 브랜드 한우와 명품 한우 지키기에 초비상이 걸렸다. 평창과 화천을 시작으로 거의 동시다발적인 구제역 발생으로 명품 이미지에 크게 손상을 주고 있다. 이러한 피해는 전국적으로 확산되고 있는 현실이다. 이 때문에 현지식당이나 한우 판매점들은 개점휴업 상태가 늘어나고 있다.

한우생산 농민들은 구제역 차단에 사투를 벌이고 있으나 기대는 예상 밖이다. 자신의 축사 인근에 방역초소가 설치돼 있지만 특별한 효과를 기대하기 어려운 현실이다. 축산 농민들은 불안감에 애태우며 농기계까지 동원해서 외부인 출입을 통제하고 있다. 현실에 맞는 가축전염병 예방법의 개정이 필요하며, 방역도구와 약품의 상시 이용시스템을 개발하여 운용하는 일이 시급하다. 구제역에 대한 사전의 철저한 예방과 관리를 통해서 피해를 방지할 수 있으므로 체계적인 관리시행을 철저히 하여야 한다. 사육 농민들을 대상으로 수시로 교육을 실시하며 빠른 주의사항과 정보를 제공해주어야 한다. 예방관리를 철저하게 하여 우리 축산 농가도 선진국처럼 마음 놓고 가축을 사육할 수 있도록 해주는 일이 시급하다.

구제역 예방을 제도화하고 이를 시행할 수 있는 검역검사청을 하루속히 설립하여야 한다. 국가전문기관에 의해서 지속적으로 연구하고 예방대책을 모색하는 노력을 통해서 어느 정도 예방이 가능하다. 전문연구기관의 기능과 역할을 통해서 축산 농민들이 연중 걱정하지 않고 가축을 사육할 수 있도록 제도를 확립하는 일이 중요하다. 축산 농민뿐 아니라 온 국민이 건강한 가축의 양육을 바라고 있음을 인식하여 정부의 지속적인 대책 마련이 절실하다. 축산 농민들이 안심하고 가축사육에 최선을 다할 수 있는 시스템 확립도 마련하여야 한다.

구제역 파동을 최소화하기 위한 전염병 예방에 온 국민이 관심을 가
져야 할 때다. (2010.12.30.)

지방의원
유급보좌관제

　　지방자치는 지역주민들의 공통된 욕구해결을 위해서 헌신 봉사하는 지방의원들의 자세가 절실하다. 지역사회의 당면한 문제를 솔선수범해서 해결할 수 있는 사람을 지방의원으로 선출하고 기대를 가져야 한다. 미래의 지역발전과 주민단합을 구상하면서 개발전략을 마련하는 일이 우선이다. 주민과 밀접한 대화와 토론을 통해서 문제를 파악하여 해결해가는 것이 중요하기 때문이다. 필요한 조례를 수시로 제정하고, 행정 집행상 문제를 파악하여 감사를 실시하며 개선하는 일에 충실하여야 한다. 지방의원은 책상에서 업무를 보는 것보다 발로 뛰면서 현장에서 문제를 파악하고 현실적으로 해결할 수 있는 방안을 모색하는 일을 중점적으로 하여야 한다. 그러나 당선되면 지방의원 배지를 달고 권위 세우기에 여념이 없는 실정이다. 달라진 위상으로 관할 관청에 가면 깍듯한 인사를 받고 행정력을 발휘하여 권력을 행사하기에 분주하다.

전국 광역의회의원들이 입법지원 보조직원을 둘 수 있도록 법제화를 요구하고 나서 논란이 되고 있다. 1991년 지방의회 부활 후 지자체의 예산부족과 일부 지방의원의 행태를 볼 때에 유급보좌관제 신설은 현실적으로 많은 문제가 있다. 현재 국회는 광역의원이 보조직원 또는 인턴보좌관을 둘 수 있도록 하는 지방자치법 개정안을 각각 발의하여 행정안전위에 계류 중이다. 이는 한나라당과 민주당이 공동으로 동의하고 있어 법제화는 시간문제다. 자료수집과 도정 질문 등 효율적인 의정활동을 위해 보좌요원이 필요하다는 게 광역의원들의 주장이다. 지금 광역의원들의 유급보좌관이 없어서 일을 못 하겠다는 주장은 현실적으로 조소를 받을 수밖에 없다. 주민이 요구하고 필요로 하며 지역발전을 위해서 절실한 조례를 발의하는 일이 너무나 미미한 실정이다. 연중 조례제정과 공청회, 감사 등의 일을 수행하는 경우가 너무 미약하며 무책임한 월급쟁이같이 노는 인상을 주고 있다. 일반적으로 전국의 지방의원들은 외유성 해외시찰을 다녀오거나 이권에 개입하는 경향이 많아 주민들의 비난이 매우 심하다. 지방의원들에 대한 국민의 비난과 심지어는 무용론을 제기하는 사람들도 많아지는 이유다.

전국 지자체의 재정자립도를 살펴보면 전남 11.5%, 전북 17.3% 등 바닥 수준으로 국비의 지원을 받아 의회가 존재하고 있다. 전국에서 재정자립도가 제일 높은 서울시의 경우 83.4%이다. 전국 16개 광역자치단체의 재정자립도는 평균 52.2%에 불과한 실정이다. 대다수 지자체들이 중앙정부 교부금 없이는 자체사업비 조달조차 어려울 정도다. 전국 761명의 광역의원에게 연간 4,000만 원을 받는 유급보좌관 1명씩을 둘 경우 해마다 약 300억 원이 필요하다. 경기도의 경우 80명의 지방의원이 32억 원의 예산을 보좌관에게 지급해야 되는 실정이다. 의원보좌관을 신설할 경우 재정 적자에 허덕이는 지자체에서 이를 조성하기 위해서 다시 빚을 얻어야 한다. 이 예산을 지역의 당면사업에 투자할 경우 의원들은 지지를 받을 수 있으며, 당면한 과제를 해결할 수 있음을 인식하기 바란다. 또한 의원보좌관들의 권력행사로 지자체가 겪게 되는 모순이 예상 외로 심각할 수 있다. 광주광역시의회는 지난해 사실상 유급보좌관 역할을 담당할 기간제 근로자를 채용하려다 집행부가 편법이라며 관련예산을 동의해주지 않아 성사되지 못했다. 광역의원들이 보좌관을 두면 당연히 기초의회의원들도 보좌관 임명을 요구하게 될 것이다.

당초 지방의원들은 무보수 자원봉사 정신에 입각해서 출범했다가 지금은 월급을 받고 있다. 심지어는 집행부에 압력을 가해서 이해관계를 챙기는 의원들도 있다. 종종 보도되는 지방의원들의 비리와 부도덕성은 마음을 아프게 한다. 주민들로부터 높은 신뢰를 받고 존경받는 지방의원이 되기 위해 노력하여야 한다. 선진국처럼 지방의원들의 모범적이고 헌신적인 활동을 본받아 의정활동을 하여야 유권자로부터 신뢰받을 수 있다. 지방의회 출범 당시 진정한 주민과 지역발전을 위해서 헌신 봉사하겠다는 초심을 살려가기 바란다. 최선을 다해서 봉사하면 지나친 노고를 염려하여 주민 스스로 유급보좌관 신설을 요구하고 나설 것이다. 자신의 일에 충실하지 않고 편리와 권익만을 위해서 법을 제정한다면 유권자로부터 철저하게 외면과 질타를 받는다는 점을 인식하여야 한다. 보좌관제 신설에 앞서 지역의 당면한 문제해결을 위한 의원들의 자성과 적극적인 활동을 바란다. 광역

지방의원들은 우선 자신의 역량개발을 위해서 최선의 노력을 다하며, 지역의 당면과제를 파악하고 해결하려는 의지와 자세를 가져야 한다. 민주적이고 자율적인 의정활동에 전력을 다하여야 함을 강조한다. (2011.01.06.)

26

워낭소리의 단절

　서울과 제주를 빼고는 전국의 땅에는 구제역, 하늘에는 조류인플루엔자(AI)가 번지고 있어 사회분위기가 걱정스럽다. 구제역은 우제류의 입과 발굽에 물집이 생기는 바이러스성 전염병으로, 치사율이 55%까지 이른다. 가축사육을 직업으로 하는 농민들은 대재앙을 맞아서 어쩔 줄을 모른다. 더 이상 매몰할 곳이 없을 정도로 구제역 재앙이 전국을 휩쓸고 있다. 어디를 가나 방역하는 사람은 말할 것도 없으며 하루에도 몇 군데 방역지점을 통과해야 하는 운전자들도 스트레스에 시달린다. 구제역에 걸린 가축을 매몰 처리한 어느 여자공무원은 꿈에서 파묻은 소·돼지가 나타나 고통에 시달리고 있다. 수의사공무원 10여 명이 구제역방제에 시달리다 사표를 냈다. 구제역은 50도 온도에서 병균이 사라지나 소비자들의 의심이 부풀어서 아예 국산 소고기를 먹지 않고 외국산 수입소고기를 사먹는 실정이다. 여기에다 상인들은 설 명절에 대비해서 물량을 축적하여 가격이 15% 이상 급증한다는 보도다. 모든 사람이 구제역에 대한 자성과 문제해결을 위한 자중이 절실하다.

10여 년 전 워낭소리의 영화는 평생 한 식구처럼 같이 살아온 소의 눈물을 보면서 떠나보내는 농민의 슬픔이 가슴을 아프게 하였다. 무지한 농민이 소를 사육하면서 마치 제4물결 가치를 실현하는 것 같은 인상을 받았다. 구제역의 현실은 양축 농가에게 워낭소리의 주인 같은 고통을 주고 있다. 물가는 오르고 구제역에 취업난으로 어수선한 사회분위기가 안정을 찾을 수 있는 방안 마련이 절실하다. 워낭소리는 다큐멘터리 독립영화로 2009년 1월 15일에 개봉했으며 방영 46일째에 관람자 200만을 돌파하여 한국 독립영화 사상 최고기록을 세웠다. 경북 봉화 산골의 노인 부부와 그들이 키우는 나이 먹은 일소의 마지막 몇 년간의 생활을 담은 내용이다. 워낭은 소나 말의 턱 밑에 매어놓는 방울을 뜻한다. 워낭소리 영화는 관람객 수 293만에 수익금 190억 원의 기록을 세웠다.

이번 구제역으로 우리나라 축산 농민의 피해가 1조 원을 넘고 있다. 우리나라의 구제역 바이러스는 지난해 봄 일본 미야자키 현에서 발생했던 것과 유전자가 동일하다. 정부 당국은 이번 구제역사태 초기에 바이러스가 동남아지역 국가에서 유입된 것으로 추정하고 있다. 해외여행 시 농축산 인의 각별한 주의와 교육이 필요하다. 이웃 일본은 지난해 4~7월 남부의 미야자키 현에서는 구제역으로 약 28만 9,000마리의 소와 돼지 등을 살처분했다. 일본의 구제역 처분을 본받아서 조속하게 처리했어야 한다. 우리나라의 늑장 대응과 소극적인 대책이 문제다.

7일 포천시 이동면 노곡리 백운한우 영농조합법인 목장을 구제역 재앙이 덮쳤다. 이날 주인 농민은 396마리의 소를 가슴에 묻고 슬퍼했다. 지난해 11월 말 경북 안동에서 구제역이 발생했다는 소식을 듣고 그는 24시간 목장에서 살았다. 사료차 외에는 아무도 목장에 얼씬거리지 못하게 했고, 구제역 예방백신을 접종했다. 그러나 6일 새벽 축사 안의 소 3마리가 침을 흘렸다. 좋은 한우를 키워보자며 30년간 소와 함께 살아온 주인은 막막했다. 이 농민은 소가 끄는 달구지에 타고 세상을 헤쳐나가야 한다. 소를 자식이자 어떨 때는 친구처럼 대했던 사람의 심정이다. 정성을 쏟아 최고급 사료를 수북이 담아 마지막 가는 길을 배불리 먹고 가라고 눈물로 애원하는 농민의 마음을 어떻게 위로할 길이 없다. 이 농민은 '잘 가라 내 새끼야, 좋은 곳에서 다시 만나자'며 눈물을 흘렸다는 보도다.

구제역으로 죽어나가는 자신의 목숨 같은 소의 건강한 사육을 위해서 정부의 체계적인 방역과 신속한 정보관리가 절실하다. 피해 농민들에게 충분한 보상과 위로를 해주고 앞으로 다시 소와 돼지를 마음 놓고 사육할 수 있는 대안을 마련해주어야 한다. 평화로운 농촌에 또다시 워낭소리가 자유롭게 들리게 만들어야 한다. 발굽이 2개인 소·돼지뿐 아니라 모든 가축들이 건강하게 성장해갈 수 있는 방법을 모색하는 일이 중요하다. 역사적으로 볼 때 소는 희생과 헌신 봉사의 상징으로 우리 농민과 함께해왔다. 항상 주인의 지시에 복종하며 진종일 같이 활발하게 일했다. 우리 한 민족은 소와 함께 영농을 하며 살아왔다. 애경사를 비롯해서 집안에 큰일이 있을 때마다 소를 판매해서 자금을 마련하여 문제를 해결해왔다. 송아지를 낳으면 자식 돌보듯이 정성과 사랑으로 사육해온 생명 같은 소를 매몰하는 농민의 마음이 얼마나 고통스러운가를 생각해야 한다. 축산 농민의 마음을 위로해주고 새 희망을 주는 일이 우선이다. 건강한 한우를 양축할 수 있는 농민의 소망을 이루게 해주어야 한다. 정부는 가축기금을 조성하여 양축 농가에 지원해주고 다각적으로 기술을 개발하여 구제역을 방지할 수 있게 하여 농민에게 희망을 주어야 한다. (2011.01.13.)

동행사회
(同幸社會)

동행사회(同幸社會)는 구성원 모두가 같이 행복한 사회라는 의미이다. 사회구성원 모두가 서로 양보하고 나누고 도우면서 노력할 때에 가능성을 기대할 수 있으나 현실은 자신의 이익을 위해서 남에게 쉽게 거짓말을 하거나 약속을 어기기 일쑤다. 동행사회의 형성은 현실적으로 불가능한 실정이다.

설 명절을 앞두고 서민들은 구제역과 혹한으로 인한 피해가 대단하다. 명절의 필수품인 소와 돼지고기를 구입하기 어렵게 되자 가격이 오를 수밖에 없는 실정이다. 배추, 무, 파 등의 채소가격을 비롯한 어류의 가격도 엄청나게 올랐다. 우리가 흔히 많이 먹으면 돼지 같다고 하지만 사실 돼지는 과식을 하지 않는다. 살이 찌고 몸이 퉁퉁하며 먹을 것을 가리지 않는 습성 때문에 과식과 비만의 상징으로 생각하나 실제로 돼지는 배가 부르면 더 이상 먹지 않는단다.

구제역으로 170만 마리가 넘는 소·돼지를 살처분했다. 앞으로 얼마나 더 많은 소와 돼지를 땅에 묻어야 할지 막막하다. 축산 농민들을 생각할수록 참으로 참담한 심정이다. 지금 농축산 인들은 어찌할 바를 모르고 눈물과 고통 속에서 보낸다는 소식이다. 소와 돼지의 죽음을 결코 인간의 죽음에 대비시킬 수 없지만 자식처럼 정성과 사랑으로 키워온 농민의 아픈 마음을 이해하고 위로해주어야 한다. 일반 국민들은 소·돼지의 양육에 무관심하나 사육자는 자신의 생명처럼 애착을 갖고 키워왔기에 충격이 크다. 소의 수명은 대략 20년인데 우리가 가장 맛있는 고기를 먹기 위해서는 2년생 한우를 잡게 된다. 육류용 소는 2년 동안을 아주 잘 먹이고 관리해서 팔게 된다. 축산 농민들의 각별한 애정과 관리가 절실할 수밖에 없다.

구제역 파동으로 소와 돼지를 살아 있는 상태에서 땅에 묻고 있어 과거에 감상한 영화가 불현듯 생각난다. 무려 40년을 살다 간 영화 '워낭소리'의 주인공인 소는 주인할아버지와 삶을 기적처럼 살아왔다. 이 영화를 통해서 사람과 소의 경계가 없이 함께 살아가는 생명에 대한 무한한 사랑을 느낄 수 있다. 천수를 누린 소의 죽음이 다가오자 주인은 고삐와 워낭을 풀어주었다. 죽은 소를 뒷산에 파묻고 슬퍼하는 모습이 아련하다. 우리 민족의 정서와 전통 농촌의 삶을 워낭소리를 통해서 이해할 수 있었다.

영국에서 구제역 예방주사를 수입해 소·돼지에게 접종하며 대책을 찾고 있으나 이마저 원만하지 않다. 접종 후 2주일의 시간이 필요하기 때문이다. 시·군 공무원 중 수의사 10여 명이 사표를 내고, 소·돼지의 매몰현장이 눈에 어려서 고통받는 공무원들도 많다. 견디다 못한 일부 담당공무원들의 사직과 휴직이 잇따르고 있다. 구제역으로 인해 멀쩡한 수많은 소와 돼지를 생매장해야 하는 현실이다. 죽어가는 소·돼지의 슬픔을 이해할 수 있지만 생계수단으로 자신의 몸처럼 아끼며 정성껏 길러온 농민들의 마음이 너무나 큰 충격을 받고 있다.

연말연시를 맞이하는 수많은 서민들의 고충을 어떻게 위로해주고 격려와 새로운 힘을 줄 수 있는 지혜로운 방법을 찾아야 한다. 같은 시대를 살아가면서 누구는 수월하고 행복하게, 누구는 엄청난 고통을 받으면서 어렵게 살아가는 사람들이 있다. 이들에게 새로운 희망을 향해 열심히 살아갈 수 있는 도움말을 주고 지원해주는 일이 중요하다. 심각한 계층 간의 빈부차이를 서로 이해하고 위로하면서 지원을 통해 문제의 근원을 해결해가야 한다. 더불어 살아가려는 마음이 바로 동행사회의 목표를 실천하는 길의 기본이 될 수 있다.

세계의 65억 인류의 불평등을 어찌할 수 없으나 같은 민족이며 국민인 이웃이 힘들고 어려울 때에 스스로 도와주고 격려하며 새 희망을 갖도록 해주는 일이 중요하다. 우리 민족도 반세기 전만 해도 병들고 굶주린 어렵고 힘든 생활을 해왔음을 가끔은 생각해볼 필요가 있다. 식량부족과 생활고에 시달렸던 고난의 시대를 가끔은 생각하며 고통 받는 이웃을 도와주어야 한다. 자신의 쓸 것을 아끼고 모아서 어려운 이웃을 도와주었던 농경사회 조상들의 넉넉한 마음으로 어려운 이웃을 지원해주는 마음을 실천하려는 아름다운 마음을 가져야 한다.

일생을 살면서 이웃은 물론이고 가축을 비롯한 다른 생명체를 존중하면서 함께 살아갈 수 있는 건강한 동행사회를 제4차원에서 생각하고 참여해야 한다. 베풂과 나눔은 공존과 공생을 위한 기본이기에 고통받는 이웃은 물론 가축마저도 관심을 갖고 돌봐줘야 한다. 꿈결

같고 이상적인 말 같지만 모두가 행복하게 살아가는 천국 같은 동행 사회 만들기를 진지하게 생각하며 노력할 필요가 있다. (2011.01.18.)

음식물쓰레기 줄이기 운동

　음식물을 맛있고 알맞게 먹을 때에 남기거나 버리는 쓰레기는 줄어들기 마련이다. 음식물 만들기의 기술개발과 어릴 때부터 음식물쓰레기에 대한 습관과 교육이 절실하다. 음식물쓰레기 줄이기의 다양한 정책에도 불구하고 현실의 많은 문제는 개선되지 않고 있다. 필요 불급한 정책과 한계극복 대책을 찾지 못한 결과이다. 세계인류 중 10억 명이 먹을 식량이 없어서 굶주림에 시달리고 있는 실정을 인식하여 절약한 음식을 이들에게 지원해준다는 마음을 갖고 실천해가야 한다. 이들은 음식물 부족으로 질병에 걸려 고생하거나 죽어가고 있다. 뿐만 아니라 우리 민족인 북한도 식량부족으로 굶주림에 시달리거나 굶어 죽어가는 사람이 많은 현실이다. 국민들의 먹을거리 문화를 변화시켜야 하는 이유다. 음식물쓰레기 줄이기는 전 국민의 습관과 의식개선을 통해서 가능하다. 모든 국민의 생활문화 변경은 하루아침에 이루어질 수 없기 때문에 지속적인 계몽과 참여운동을 성공적으로 이끌어가야 한다. 우리는 아직도 과거의 푸짐한 상차림을 선호하는 의식이 존재해 문제를 키워가고 있다. 지자체별로 넘쳐나는 음식물쓰레기 발생량은 해를 거듭할수록 늘어만 가고 있어 시민들의 음식물 아끼기 운동이 절실하다.

경기도의 경우 하루에 3,106t의 음식물쓰레기가 발생하고 있어 연간 처리비용만 1,500억 원 이상이 소요된다. 한 해 동안 4.5% 이상 증가하는 음식물쓰레기를 줄이기 위한 다양한 방법을 모색하여야 한다. 우선 가정과 음식점의 노력이 절실하다. 이를 위해 지방자치단체와 중앙정부가 노력해야 한다. 쓰레기 버리지 않기 범국민운동을 효과적으로 추진하는 일이 중요한 이유다. 국민 전체가 앞장서서 참여하는 시민운동을 효율적으로 추진해야 한다. 현실적인 계획과 다양한 실천 방안을 모색하는 일이 우선이다. 음식물쓰레기 종량제를 전면 도입하여 자치단체의 모든 기관이 앞장서서 실천해갈 수 있는 방안을 찾아야 한다. 서울시 구로구는 깔깔운동을 전개하여 음식문화를 개선하고 식품위생 수준향상 및 식생활 문화발전을 추진하여 음식물 남기지 않고 먹기 운동을 전개하여 음식물쓰레기 17%를 감소시키는 데 성공하였다. 전북 김제시도 음식물쓰레기 용기종량제를 도입하여 연간 20%의 음식물쓰레기를 감소시키고 있다. 뷔페의 선호로 음식물쓰레기가 크게 증가되고 있으나 아직도 먹을 만큼 담지 않고 많이 담아 남겨서 버리고 있다.

경기도는 음식물쓰레기 처리를 위해 2015년까지 14개 시·군에서 1,891t의 음식물쓰레기를 처리할 수 있는 공공시설을 신축할 방침인데, 이를 매년 확대하여 전국적으로 추진해가야 한다. 시설비용보다도 실질적인 음식물 값이 엄청나게 소요됨을 인식하여야 한다. 지속적으로 음식물쓰레기 줄이기와 녹색생활을 범도민 실천운동으로 전개하는 일이 중요하다. 도민들이 스스로 참여할 수 있는 음식물쓰레기 해결방안을 모색하여 실천해가는 일이 중요하다. 최근에 녹색식생활 운동을 체계적으로 지원하기 위해 국가식생활교육위원회가 식생활교육 기본계획을 심의하여 의결했다. 과다한 영양섭취, 특정식품 편식 등 잘못된 식습관으로 비만 등 생활 습관병이 증가추세에 있는 실정이다. 20세 이상 비만비율은 1998년 26.3%에서 2001년 29.6%, 2007년 31.7%로 증가했다. 또한 당뇨병은 1996년 3.1%에서 2007년 9.5%로 급증했다. 과도한 상차림 등 낭비적인 식생활로 엄청난 자원이 음식물쓰레기로 폐기된다. 처리비용도 연간 약 6,000억 원에 달한다.

이의 해결을 위해서 음식물쓰레기 등 환경적 부담을 완화하는 식생활과 성인병 증가로 인한 사회적·경제적 비용을 최소화하고 자연과 농식품 생산자에 대한 배려와 감사하는 식생활을 하여야 한다. 식생활교육을 위한 인프라 조성이 필요하다. 교사, 영양사, 보건교사, 조리사 등을 식생활교육 전문인력으로 양성하기 위한 적극적인 시책이 절실하다. 매월 가족 밥상의 날과 식생활교육의 달을 지정해서 가정 내에서의 영양학적으로 우수한 한국형 식생활을 실천하기 위한 교육시책이 필요하다. 경기도도 음식물쓰레기 줄이기 도민운동을 성공적으로 추진하기 위해서는 성공한 타 지자체의 사례를 참고하여 실정에 맞게 시책을 모색하여 추진하고 개선해가야 함을 강조한다. 우리나라의 음식물쓰레기는 1년에 18조 원에 달하며, 이는 북한 전 국민이 먹을 수 있는 예산이다. 지역실정에 알맞게 음식물쓰레기 줄이기 운동을 생활화하는 노력이 절실하다. 중앙정부와 지자체의 적극

적인 협력으로 쓰레기 줄이기 운동을 생활 속에서 정착시키는 일이
우선적으로 이뤄져야 한다. (2011.01.27.)

아름다운 봄날

올해는 기록을 세운 매서운 추운 겨울이 지나가고 입춘을 맞아 따뜻한 날씨가 도래하고 있다. 불완전한 지구의 기후변화는 인간들이 저질러놓은 환경오염의 영향이 크다. 다행스럽게도 금년도 설날 후는 전국의 낮 기온이 평년보다 따뜻해서 연휴에 유원지와 명산 같은 곳을 찾아서 여행을 즐겼다. 고향을 찾은 사람들은 어린 시절의 추억이 담긴 산야를 찾아 거닐기 일쑤다. 공휴일이면 문화시설과 유원지를 찾거나 유명한 산천을 찾는 사람들로 활기가 넘치게 마련이다. 사람들은 즐겁고 새로운 휴식공간을 찾아서 재미있는 시간을 보내기를 바라고 있다. 우리 민족은 예부터 조상을 숭배하며 예절을 지키는 관습이 있어 설날에는 반드시 성묘를 했다. 지금이야 공동묘지나 납골당에 조상의 유골을 모시고 있지만 옛날에는 명당자리를 찾기에 전력을 기울였다. 대부분 사람들은 집안에서 정성껏 차린 음식과 술을 가지고 가서 성묘를 한다. 우리도 성묘 후에 따뜻한 햇볕이 내리쬐는 묘지 주변에 둘러앉아 가족끼리 다양한 이야기를 나누었다. 돌아가신 조상의 인자하심과 집안일 등을 이야기하였다.

묘지 주변의 나뭇가지를 바라보니 봄이 오고 있음을 감지할 수 있다. 자연스럽게 봄에 무슨 일을 할 것인지를 이야기하면서 즐거운 시간을 보낸다. 집안의 공식적인 차례행사가 끝난 후에는 가족 각자가 온천을 비롯해 시내 극장가, 백화점 등에서 여유시간을 보낸다. 산을 좋아하는 사람들은 몇 명이 모여서 등산을 즐기기도 한다. 등산객들은 흰 눈이 쌓인 산야를 배경으로 기념촬영을 하고 동행하는 사람들과 다양한 이야기를 하면서 산행을 즐긴다. 매서운 추위를 이겨내고 찾아온 따사로운 봄볕이 만물을 키우듯이 우리 사회도 21세기 선진 사회의 꿈을 구현하도록 노력하면서 경제적으로 어렵고 힘든 사람들에게 사랑과 희망의 도움을 주어야 한다. 언제나 어려운 사람들을 돕는 것은 가치가 있다. 올해는 설 연휴에 추운 겨울날의 고통을 이겨내고 기다렸던 봄날에 등산을 할 수 있어 얼마나 다행스러운지 모른다. 누구나 봄날을 즐기려고 계획하며 함께할 친구와 지인들에게 연락을 하게 마련이다. 물론 혼자 사색하면서 등산하고 즐기려는 사람들도 많다. 그러나 움츠렸던 겨울을 훌훌 떨치고 어깨를 펴고 최선을 다하는 노력은 누가 보아도 좋고 아름다울 뿐이다. 올해의 아름다운 봄날에는 진정으로 하고 싶은 일에 최선을 다하는 해가 되길 바란다.

매년 치열해지는 경쟁에서 당당하게 승리할 수 있는 능력을 함양하기 위한 지속적인 노력이 어느 때보다도 절실하다. 정당한 경쟁 속에서 희열과 기대를 충족할 수 있도록 자신의 역량을 강화하고 능력을 향상시키는 일에 노력하여야 한다. 책임성과 성실성으로 열심히 살아가는 생활이 중요하다. 전문성에 의해서 분화되고 다양화되어 가는 사회에서 구성원 각자의 역량을 유감없이 발현하여야 한다. 이의 발전을 위한 노력이 일상화되어야 한다. 아름다운 봄날을 맞아서 각 분야에서 새봄 같은 역할을 충실하게 노력하는 모든 국민의 역할이 절실하다. 씨앗을 땅에 심어서 아름다운 꽃을 피우며 튼튼한 열매를 맺듯이 올해는 열정적인 일상생활을 통해서 자신이 맡은 바를 인정받는 사람이 되기 위해서 최선을 다하는 사람이 되어야 한다. 이것이 올해 첫봄의 바람이다.

계층과 연령을 초월해서 인생은 봄날처럼 긍정성과 가능성을 향한 꿈을 가꾸며 최선을 다해 살아갈 때에 진정으로 행복해짐을 인식하여야 한다. 입학한 학생들은 열심히 효율적으로 공부하여 학문의 길을 닦는 데 최선의 노력을 하는 일이 우선이다. 기업하는 사람은 글로벌시대의 무한한 경쟁에서 당당하게 승리하여 많은 수익을 창출해야 한다. 우리나라는 새봄을 맞아서 구제역의 고통과 여야의 지나친 말싸움에서 벗어나 진정한 민족과 국가발전에 중지를 모아서 세계를 이끌어가야 한다. 실력과 능력으로 뛰어난 경쟁을 통해서 승리하여 세계 속에서 우리 한국의 위치를 키워야 한다. 항상 자신의 역량개발을 위해서 최선을 다하면서 땀 흘리는 노력을 하여야 한다. 뛰어난 두뇌와 기술을 바탕으로 세계화와 미래를 선도해가는 우리의 계획을 올봄에 완전하게 수립하여야 한다. 과학기술분야를 비롯해서 무역개발은 물론 학문과 신뢰를 쌓아 국제사회에서 참된 리더십을 발현하여 모든 나라가 숭배하고 따라오는 국가로 발전해야 한다. 모든 국민들은 자신의 위치에 감사하면서 맡은 일에 최선을 다해서 열심히 이행할 때에 진정한 행복과 기쁨은 오게 마련임을 인식하여야 한다. 이것이 새봄의 당면과제다. (2011.02.11.)

사기분양

공급자와 분양자는 상호 간 이해와 필요에 의해 거래가 이루어지므로 신뢰가 우선이다. 어떤 문제가 발생했을 경우 신속하게 해결하는 데 최선을 다하여야 한다. 주택의 경우는 삶의 현장이기에 예민한 감정과 이해관계가 치밀할 수밖에 없다. 최근 토지주택공사의 주택 입주자와 공급자 간 약속위반 문제가 법률로 다뤄질 수 있어 문제가 된다. 상호신뢰 속에서 야기된 문제는 대화를 통해서 자율적으로 해결해야 한다. 토지주택공사(LH)가 부천 오정산업단지 내 주택용지를 분양하면서 지구단위계획을 수립하지 않아도 된다는 등의 이점을 내세워 분양했다. 그러나 실제 건축 허가과정에서 해당 토지가 건축제한을 받게 되자 땅주인들이 사기분양이라며 집단반발하고 있다. 분양 고객은 구입한 토지가 시로부터 제한을 받게 되자 손해로 보고 사업자인 주택공사에 반발을 하고 있다.

부천시에 따르면 LH공사는 2007년 5월부터 부천시 오정구 오정동 29만㎡에 조성한 부천 오정 일반산업단지 내 주거용지 57필지(15,000㎡)에 대해 분양을 실시해 현재 46필지를 팔았다. 이 단지는 LH공사가 2004년 9월 수립한 부천 오정 일반산업단지 개발계획에 따라 땅을 수용당한 땅주인들을 위해 마련한 곳이다. LH공사 토지분양팀은 분양상담 과정에서 해당 토지는 지구단위계획을 수립하지 않아도 된다고 했다. 그러나 부천시 도시계획 조례상 준공업지역에 해당돼 건폐율 80%, 용적률 400%와 가구 수에 제한이 없다는 매각조건을 내세워 분양했다고 땅주인들은 주장하고 있다.

문제의 토지는 부천시의 건축조례를 적용받은 지역이어서 1필지당 건축 가구 수가 4가구 이하로 제한받는다. 땅주인들이 부천시에 신청한 연립주택 등 다가구주택의 건축허가 신청이 불허되자 땅주인들이 사기분양이라며 반발하고 나섰다. 김 모 씨 등 35명은 가구 수 등의 제한이 없다고 해서 분양을 받았다고 한다. 이 중 8가구를 지으려고 건축허가를 신청했는데 불허됐다면서 이는 명백한 사기분양이라고 주장한다. 문제의 주택용지는 부천시에서 난개발이 우려된다는 이유로 지구단위계획 수립을 요청했다. 그러나 LH공사는 용지매각이 힘들고, 사전 매각한 토지를 산 땅주인들이 소송 등을 제기할 수 있다며 부천시의 요구를 묵살하였다.

부천시 관계자는 개발 당시 난개발과 민원을 우려해 지구단위계획 수립을 요청했지만 LH공사는 토지매각의 어려움을 이유로 현재까지 수용하지 않고 있다. 이는 사전에 지구단위계획이 수립되지 않고 분양에 나선 것이 민원을 불러왔다고 한다. LH인천지역본부 토지분양팀은 당시 분양계획서대로 분양했을 뿐이며 건폐율과 용적률 그리고 가구 수 제한이 없다는 설명을 하고 분양했다. 분양 초창기에 미래를 예측하면서 과학적으로 철저하게 분양을 하지 못한 것이 문제다.

공공기관이 서민들의 삶과 밀접한 부동산 분양의 민원을 현실적으로 적절하게 풀어갈 수 있는 방안을 모색하여야 한다. 민원과 서민의 고통도 해결할 수 있기 때문이다. 토지주택공사의 주된 사업은 택지와 건물을 일반시민에게 도움이 되게 분양하여 신뢰를 얻는 것이 중요하다. 따라서 현실적으로 사소한 문제가 있더라도 이를 대의적으로 생각해서 다양한 방법을 찾기에 노력하여야 한다. 결국 토지주택공사는 서민들을 상대로 오랫동안 사업을 해왔음을 인식하여 이들을 위한 대안을 찾아야 한다. 문제가 되는 부분은 끊임없이 대화와 협의를 통해서 해결점을 찾아야 한다. 계획을 수립하지 않아도 된다는 시비의 본질을 진지하게 연구하기 바란다. 이는 현실적으로 허가기관인 시청에서 어쩔 수 없는 심각한 문제다. 토지주택공사가 나서서 시청과 깊은 대화를 통해서 해결방안을 모색할 필요가 있다.

해당 주민들의 이해와 협력이 필요하면 서서히 해결책을 찾아가는 것도 중요하다. 공공기관인 주택토지공사가 주민들로부터 사기분양이라는 오해를 받지 않도록 다양한 방법을 찾아야 한다. 주택토지공사의 방만한 사업이 결국 집 없는 국민을 위해서 기여함을 인식할 수 있도록 다양한 방안을 찾기 바란다. 설령 오해로 인한 사기분양이라는 항의가 오더라도 이를 공정하게 처리해야 한다. 주민들도 대화를 통해서 상호 간에 이해를 찾아서 해결해야 한다. 사소한 이해관계로 칼부림하는 세상이지만 공공기관의 넉넉하고 여유 있는 다양한 방안을 모색해가는 것이 바람직하다. 주민들 역시 어떤 해결방안을 모색하여 끊임없이 대화하여야 한다. 부천 주거용지 분양의 원만하고 합리적인 대책을 촉구한다. (2011.02.17.)

국민운동은 시대와 국민의 요구에 따라 변화되게 마련이다. 빈곤, 질병, 무지의 상징이던 1970년대에 이의 과감한 해결을 위해 국정차원에서 순수한 국민운동으로 새마을운동을 전개하여 엄청난 효과를 보았다. 굶주림과 갈등에 허덕이던 희망을 상실한 국민들이 내일을 살아보겠다는 가능성을 믿고 열심히 봉사활동을 벌였다. 현재는 200만 회원과 국민이 바라던 새마을 날 제정을 위한 새마을운동 조직육성법 일부 개정 법률안이 최근 국회의원 209명의 찬성으로 국회 본회의를 통과하였다. 이제 정부가 공포하면 새마을 날이 시행된다. 파당, 대립, 갈등이 심화되어 협조와 이해가 절실한 오늘날에 사회발전을 위해서는 제2새마을운동이 절실하다.

우리 국민의 40.2%가 건국 이후 가장 중요한 업적 1위를 새마을운동이라고 답하고 있다. 우리나라 발전에 가장 영향을 미친 사건 1위

를 국민의 46.3%가 새마을운동이라고 답한다. 새마을운동은 정권차
원이 아닌 국가차원에서 생각할 때에 발전과 번영을 위한 국민들의
자발적 참여로 이룩하여 성공한 순수한 국민운동이다. 1970년대의 우
리나라는 식량이 부족하여 굶주림에 허덕이는 국민이 많았다. 새마을
운동을 통해 이웃끼리 협동하고 봉사하면서 공동으로 농장을 개발하
기도 하였다. 가을이 오면 풍년이 들어 굶주림에서 벗어날 수 있었으
며, 이것이 잘살 수 있다는 희망의 근원이 되었다. 자포자기했던 잠자
는 빈곤의 문화에서 잘살 수 있다는 희망을 갖고 열심히 살아가게 되
었던 계기가 바로 새마을운동이다.

새마을운동은 지금도 세계적으로 사회자본이며 성공한 지역사회
개발운동으로 인정받고 있다. 현재까지 80개국 48,000여 명의 외국인
이 방한하여 새마을운동 교육을 받았다. 아프리카와 동남아시아에서
는 한국에서 새마을교육을 받고 간 지도자가 앞장서서 새마을운동을
전개하고 있다. 농지를 갈고 씨앗을 심으면서 우리말로 된 새마을운
동 노래를 부르고 있다. 가슴이 철렁할 정도로 깊은 감동을 준다. 중
국도 11차 경제개발 5개년 계획을 세우면서 확정한 신농촌운동을 위
해 공직자들에게 새마을교육을 받도록 했다. UN에서도 가난한 나라
를 돕는 방안으로 새마을운동을 적극 권장하고 있다. 이유는 빈곤한
우리나라의 전 국민이 자립운동을 전개하여 잘사는 나라가 된 역사
를 후진국에서 성공사례로 열심히 배우며 현장에서 실천하고 있다.

21세기 새마을정신은 변화와 도전 그리고 창조의 3C정신으로, 저
개발국에는 과거 새마을운동의 성공노하우와 개발경험을 전수하며,
선진국에서는 정신운동으로 재조명이 가능하도록 하고 있다. 사회운
동은 사회변화에 따른 구성원 요구에 합당한 내용이 중심이 되어 활

동하여야 한다. 따라서 새마을운동은 글로벌시대의 지도자 양성에 중요한 기능을 두어야 한다. 우리나라는 천연자원이 부족하고 오로지 인적 자원으로 승리하여야 하는 현실을 직시하여 국민의 저력을 모을 수 있는 제2새마을운동을 전개하여야 한다. 삼성, LG 등의 대기업이 글로벌시대에 승자가 되어 수출을 선도하면서 국가경제를 발전시키고 있어 다행스럽다. 이들도 따지고 보면 변화·도전·창조를 통한 글로벌시대의 지도적 역할을 충실히 수행하기 때문이다.

우리의 심각한 집단 간의 갈등과 이기주의는 국가와 사회발전을 위해 결코 도움이 되지 않는다. 집단 간, 지역 간에 상호이해와 협력으로 부정적인 요인을 극복하고 모두를 긍정적인 요인으로 발전을 모색해가야 한다. 우리는 이제 뉴 새마을운동을 전개하는 순수한 국민운동으로 갈등과 대립의 모순을 극복하여 글로벌시대를 선도하는 순수한 시민운동이 절실하다. 정당 간, 지역 간, 계층 간의 갈등을 이해와 미래를 향한 과제로 이해하고 극복해가는 노력이 아주 중요하다. 대립과 갈등요인을 이해와 사랑으로 극복하고 통합하여 무슨 일이나 열심히 할 수 있어야 한다. 글로벌시대의 경쟁은 통합을 통해 경쟁력을 강화시켜야 한다.

인류평화와 경제발전에 기여하는 시민운동으로 세상을 이끌어가는 새마을운동을 전개하여야 한다. 아프리카와 동남아 등 일부국가에서는 1970년대 우리가 전개했던 새마을운동을 적극 추진하고 있는 만큼 물심양면으로 지원해주어야 한다. 새로운 기술과 리더십을 현장에서 실천하는 방법을 지도하기 위한 봉사활동이 절실하다. 일부 후진국의 경우 굶주림에서 벗어나 새로운 꿈과 희망을 갖고 살아갈 수 있는 터전이 새마을운동이 되고 있는 현실이 고마울 뿐이다. 어려운 나라에 경제적, 문화적으로 지원해줌으로써 그들이 한국에 진정한 고마움을 느끼도록 해주어야 한다. 뉴 새마을운동은 후진국에 새마을정신을 확장하기 때문에 우리가 솔선수범하는 일이 우선이다. (2011.02.24.)

두물머리의
유기농 생태마을

인간은 아름답고 편리하게 방문하여 즐길 수 있는 자연환경을 선호한다. 아무리 도시화가 발달하여도 이 같은 소중한 공간은 정부와 지자체가 나서서 보호해야 한다. 여가를 즐기거나 휴식하려고 찾아온 사람들에게 편리한 공간을 제공하기 때문이다. 지역주민과 도시인 모두에게 휴식을 위한 다목적 공간으로 필요한 양평군 팔당호 두물머리를 농민들이 양평군수를 상대로 제기한 하천 점용허가 취소처분 소송에서 원고 승소 판결을 받았다. 주민들이 바라는 합리적인 방법을 법원에서 합당하다고 판결한 일은 잘한 일이다. 정부와 지자체가 주민들의 의견을 무시하고 마음대로 국토개발계획을 수립할 수 없음을 판결한 한 사례가 되어 앞으로 지방행정 운영에 커다란 참고가 될 것이다. 주민들은 자연여건이나 전통을 고려하여 지역실정에 맞는 토지이용과 개발을 하려고 한다. 이를 지자체나 정부에서 일방적으로 막는 것은 지나친 행정의 횡포로서 다시는 이런 일을 해서는 안 된다. 순수 민간단체가 4대강 사업으로 쫓겨날 위기에 처한 팔당호 농민들이 정부를 상대로 낸 소송에서 승소 판결을 받은 것으로, 공익과 합법을 내세운 정부의 4대강 사업 명분의 모순을 찾아냈다고 볼 수 있다.

팔당호의 두물머리는 유기농업을 중심으로 한 생태교육 체험마을을 조성하는 방안도 신중하게 검토하길 바란다. 팔당 두물머리를 지속가능한 농업문화 공동체의 형태로 만들어나가려는 주민들의 욕구를 정부는 가로막지 말고 촉진해주어야 한다. 팔당호 지역은 올 9월 세계유기농대회에서도 중요한 의미를 지닌 곳으로, 오랫동안 유기농을 하며 주민들의 신뢰 이익이 쌓여 있어 점용허가 철회권이 제한돼야 한다는 재판부 판결문을 존중하여 개발하여야 한다. 정부와 경기도는 팔당호 지역의 역사와 유기농업 성과를 담은 발전적 대안을 제시하여 추진해야 한다. 전문기관에 용역을 맡겨 대안모델과 관련된 보다 구체적이고 체계적인 내용을 마련하여 이를 토론과 사회적 논의를 활발하게 하여야 한다. 팔당호 유기농지 농민들은 농지 점용취소 소송에서 승리한 기쁨을 앞으로 철저하고 합리적인 개발과 관리로 영유해가기 바란다.

이번 승소로 30여 년간 유기농을 일궈온 농민들이 흘린 땀의 결과를 잘 보전할 수 있게 되어 다행스럽다. 군청과 관련기관은 당장 생태마을 조성에 예산을 적극 투자하고 지원해주어야 한다. 순수 민간단체의 자발적인 참여도 촉진시킬 수 있도록 홍보활동을 강화해야 한다. 앞으로 군청은 부당하게 하천둔치 점용허가 취소처분을 해서는 곤란하다. 이번 판결을 계기로 기관은 주민들에게 부당하게 피해와 부담을 주는 사업을 추진해서는 안 된다. 주민들이 희망하고 이익이

되는 사업을 주민입장에서 계획해서 추진해야 한다. 주민들에게 아름
다운 두물머리를 생태유기농으로 적극 활용하며 이와 연관된 자연환
경보호 사업을 현명하게 추진해야 한다.

앞으로는 찾아가기 쉽고 보고 좋은 자연환경이 그 지역의 대표사
업으로 추진되어야 한다. 이용객이 늘어나고, 이로 인해서 수입이 생
기므로 삶의 질을 향상시켜 줄 수 있다. 관광객을 비롯한 소비자들이
깊은 관심을 갖고 미래지향적으로 관리해가는 일이 중요하다. 민간단
체는 앞으로 많은 선진국들이 지향하고 있는 지속가능한 공동체와
농업과 농촌이 공동으로 발전할 수 있는 형태를 모색해가는 것이 바
람직하다. 특히 정부와 경기도는 이번 판결을 받아들여서 팔당호에 4
대강 사업을 중단하고 합리적인 토론과 지역주민들의 의견을 수렴하
기 바란다. 정부나 지자체의 일방적인 사업추진은 결국 성공할 수 없
음을 인식하여야 한다. 이번 팔당호의 두물머리 사업 패소를 계기로
현실을 중시하는 행정을 추진해가야 한다. 특히 우리나라에서 아름다
운 산천이 많은 양평군에 자연과 인간의 공동체가 조화를 이루어서
자주 찾아가서 즐길 수 있는 터전을 마련하여야 한다.

아름다운 자연을 인간이 잘 활용할 수 있도록 자연적인 환경을 보
전하면서 만들어가는 일이 중요하다. 두물머리의 아름다운 자연환경
이 사람들에게 사랑과 휴식을 줄 수 있는 터전으로 남기 위한 범국민
적인 참여와 노력이 절실하다. 환상 같은 두물머리의 아름다운 환경
이 양평군민과 경기도민이 앞장서서 관리하고 사랑하여 정말로 모든
사람이 좋아하는 터전으로 관리되어야 한다. 양평의 두물머리 지역은
어떠한 경우가 있어도 훼손해서 개발하거나 방치될 수 없는 곳이다.
항상 모든 주민들의 관심과 사랑 속에서 자연상태의 환경을 잘 보전

하면서 가꾸어가길 바랄 뿐이다. 두물머리의 환경 지키기 성공을 사례로 모든 아름다운 자연환경 보전지역이 유지되어야 한다. 이것은 경기도와 모든 국민이 감당해야 할 당면과제이다. (2011.03.02.)

33

프로시니어

요즈음 경제적 어려움 속에 퇴직하거나 실직한 사람이 새 직장을 찾기란 매우 어려운 현실이다. 대학졸업자의 취업률이 낮은 현실을 직시할 때에 퇴직자의 취업은 제2의 문제인 것 같다. 그러나 집안의 경제적인 문제가 있을 경우 이들의 고통은 대단하다. 직장이 없으면 수입이 없고 출근할 공간과 하루를 보낼 동반자가 없어서 고통스러워한다. 정부나 지자체에서도 실직자에게 일자리 만들어주기에 많은 노력을 하고 있으나 실제적으로 매우 미미한 실정이다. 프로시니어는 경기도가 구인·구직·구하기(일명 999) 프로젝트인 찾아가는 경기 일자리 999사업지원을 의미한다. 인력을 필요로 하는 기업을 찾아서 구직자에게 취업을 도와주는 일이 주 업무다. 프로시니어들은 전문직에 종사했던 은퇴자들로, 풍부한 사회경험과 전문지식을 구인·구직자를 위해 활용한다는 장점이 있다. 경기 일자리센터 프로시니어들은

2인 1조로 일주일에 3일을 경기도의 중소기업단지를 돌며 일자리를 찾고 동행면접 등을 실시하고 있어 실제로 상당부분 실적을 올린다. 이들은 주로 인사담당자들을 만나서 일을 하는데, 원하는 인재를 말할 때 바로 캐치할 수 있는 장점이 있다.

대기업 퇴직 후 몇 개월을 집에서 놀다가 프로시니어로 활동하는 어떤 사람은 건강이 좋아졌으며 기쁜 얼굴로 즐겁게 일해서 젊어졌다고 한다. 실직상태에서 자신의 역량에 맞는 활동을 하는 것은 매우 긍정적인 일이다. 현실적으로 5개의 자격증을 획득한 퇴직자의 경우도 재취업은 매우 어려운 현실이다. 경기도 일자리센터에 구직을 신청한 모 씨는 6:1의 경쟁을 뚫고 프로시니어로 일하게 됐다. 30년 공직경험과 자격증 취득을 인정받은 결과다. 일을 시작하면서 구인업체를 찾아 1명이라도 취업시켜주면 뿌듯하다고 한다. 프로시니어가 중소기업을 방문해 채용상담 및 경영고충을 들어준다. 프로시니어는 면접을 망설이는 구직자에게 도움을 준다. 동행면접을 하면 구직자가 기업정보를 미리 알 수 있어 취업성공률이 높아진다. 특히 사전에 구직자에게 맞는 일자리를 찾아주기 때문에 이직률이 낮고 만족도가 높아 좋다. 구직자들이 대기업을 선호하며 힘든 일을 싫어하기 때문에 교통이나 근무여건이 열악한 중소기업으로의 지원은 매우 열악한 실정이다. 인력이 많이 필요한데 프로시니어들이 직접 와서 현장상황도 봐주고 그에 맞는 인력도 찾아준다고 하니 큰 힘이 된다.

지난해 경기도 내 33명의 프로시니어는 직접 현장을 발로 뛰어 2,604개 업체에서 6,217명의 일자리를 발굴했고, 구직자 662명과 동행면접을 하였다. 발굴된 일자리는 워크넷(www.work.go.kr), 경기인재포털인투인(www.intoin.or.kr)과 각 지역 일자리센터에 등록돼 적합한 인재에게 찾아준다. 경기 일자리센터는 전문직종에 근무했던 분 중 55세 이상의 사람을 프로시니어로 선발한다. 현재 활동하는 프로시니어들은 공무원, 개인사업, 대기업 임원으로 근무했던 풍부한 사회경험이 있어 구인과 구직 활동에 커다란 보탬이 된다. 이번 경기도가 추진하고 있는 프로시니어 사업은 실직자들에게 희망과 위로를 주는 긍정적인 사업으로 확대되길 바란다. 경쟁이 치열하고 일자리 구하기가 어려운 현실에서 새로운 일자리를 찾기 위해서 도움을 주려는 지자체의 노력이 긍정적이다. 생사화복을 걱정하면서 돈을 벌 수 있는 일터 찾기에 고통받고 있는 사람들에게 희망의 일자리를 마련해주는 것처럼 고마운 일은 없다. 새로운 일자리를 찾아서 새 출발 하는 사람들에게는 희망의 길이 될 수밖에 없는 일이다.

프로시니어의 성공적인 활동이 될 수 있도록 창업을 활성화하고 기존의 기업들이 일터를 확장해서 인력을 확충하는 방법을 찾아야 한다. 기업의 적극적인 활동이 이루어질 수 있도록 도청이나 정부에서도 제도적으로 지원해주어야 한다. 실직하고 생사문제로 고민하는 사람들에게 희망의 일자리를 만들어주는 것보다 더 소중한 일은 없다. 대기업과 전문직 직장을 은퇴한 사람들을 프로시니어로 확충하여 이들을 사회발전을 위한 적절한 자리에 배치하는 것은 아주 바람직한 일이다. 풍부한 경험과 경륜은 사회발전을 위해서 절실하기 때문이다. 이의 확장을 위한 지자체와 기업 그리고 사회단체가 적극적으로 참여하여야 한다. 정부와 지자체에서는 이를 위한 기회를 확충해 나가야 한다. 경기도가 전국에서 처음으로 프로시니어 사업을 성공적으로 추진하여 퇴직선배들의 합리적인 일자리를 통한 사회발전에 기대할 수 있음이 다행스럽다. 앞으로 프로시니어 사업을 활성화하고

확충하여 나이든 퇴직 인적자원을 효율적으로 활용하는 일이 중요함
을 강조한다. (2011.03.10.)

연예인의 성 윤리 확립

　인간사회는 직업을 떠나서 모두가 지켜야 할 성 윤리가 있다. 특히 우리나라는 역사적으로 지배층이 엄격한 성 윤리를 지키면서 생활해 왔다. 물론 지금은 성 개방으로 인한 남녀관계도 크게 달라졌지만 분명한 것은 비윤리적 행위를 용인하지 않고 책임을 물었다는 사실이다. 이것은 남녀관계를 이상적인 윤리로 지켜가는 것이 바람직하다는 규범의식 때문이다. 오늘날 연예인들은 매스미디어를 통해서 널리 알려지면서 대중의 관심이 집중되고 있어 특별한 자기관리가 절실하다. 일반인들 언행의 경우는 그냥 지나갈 일도 연예인은 매스미디어의 집중을 받아 사회적 이목이 집중되게 마련이다.

　최근 일본의 니혼 TV가 고 장자연 씨와 같은 연예인의 성 접대가 한국에 만연해서 한국 연예인들이 외국으로 진출하고 싶어 한다는 내용의 프로그램을 방영해 파문이 일고 있다. 상식적으로 있을 수 없는 일을 국제 간의 예절을 무시하고 보도한 일본인은 반성하여야 마땅하다. 니혼 TV는 최근 생활정보 프로그램 '슷키리'에서 장자연 리스트를 톱뉴스로 다루면서 지난해 한국 국가인권위원회 조사결과, 여성연예인 60%가 성 접대 제의를 받았고 이 중 21.5%가 실제적으로 성관계를 강요받았다고 전했다. 당국은 이것의 진위여부를 확인한 후 사실이 아닐 경우 일본에 강력히 항의하여 수정보도를 받도록 해야 한다. 민족의 자긍심과 성 윤리에 관한 문제로 그냥 지나치기 어려운 실정이다. 국가와 국민에 대한 이미지는 글로벌시대에 영향을 미치는 중요한 요인이다.

최근 일본에서 패널로 참석한 TV 프로듀서 테리 이토는 지난 10년 간 한류 붐으로 한국 연예계의 규모는 커졌을지 몰라도 이런 고질적인 체질은 변하지 않은 것 같다며 연예인의 성 접대가 계속되니 한국 연예인들이 자꾸 일본과 대만 같은 외국으로 나가고 싶어 한다고 말해 문제가 되고 있다. 미국인인 로버트 캠벨 도쿄대 교수도 여성 연예인 성 접대는 할리우드 등지에서 전후에 사라졌다며 일본에도 마쿠라 에이교(베개 영업)란 말이 있지만 이미 옛날 얘기라며 비판했다. 미국인처럼 올바른 사실을 보도하고 이야기하는 자세가 절실하다. 후배들이나 연예계 관련 인사들에게 미치는 영향력은 매우 커서 활동에 악영향을 미칠 수밖에 없다. 대중의 인기를 상대로 활동하고 있는 연예인들은 감정이 예민한 청소년들에게 엄청난 영향을 미치게 마련이어서 각별한 주의가 필요하다.

세계의 모든 연예인들이 예절과 사회정의를 부르짖고 실천해갈 때에 국가와 사회는 엄청나게 긍정적으로 발전해갈 수 있다. 시대에 따른 유행어나 이상행동의 대부분이 연예인에 의해 전파되는 현실을 직시할 때에 이들의 언행 한 마디는 대단히 중요하다. 물론 대부분의 연예인들은 사회공익을 위해서 헌신 봉사활동을 열심히 하고 있다. 심지어 후진국의 아프리카나 동남아지역에 가서 봉사활동을 하는 사례가 있다. 이 지역에서 연예인들이 땀 흘려서 일해 놓은 결과로 주민들이 한층 행복하고 즐겁게 살아가는 모습을 보도를 통해서 종종 볼 수 있다. 어느 면에서는 연예인들의 사회홍보와 모범적인 행동은 우리 사회발전을 위해서 엄청난 영향을 미치게 마련이다. 자신뿐만 아니라 국가와 인류공동체의 행복을 위해서 귀한 땀방울을 흘리는 값진 일에 대하여 많은 지지를 해주고 있다. 사회공익을 위한 일에 앞장서는 많은 연예인들의 노력은 참으로 모든 사람들을 감동시키고 있다.

앞으로는 지속적으로 이러한 좋은 일들이 많이 전개될 것이다. 연예인들이 앞장서서 모범을 보이는 행동의 효과는 실질적으로 대단하기에 이를 조직을 통해서 지속적으로 홍보하면서 전개할 필요가 있다. 직업에 귀천이 없다지만 다만 선호에 따른 당당한 역할을 통해서 자신의 직업에 대하여 자긍심을 갖는 일이 중요하다. 과거에 비해서 앞으로는 젊은이들이 선호하는 직업으로 연예인이 각광을 받으면서 어린이들에게도 연예인들의 공익활동에 대한 이야기를 해줄 필요가 있다. 모든 직업의 정확한 정보와 활동에 대하여 분명하고 정확하게 인식할 수 있도록 사회적인 노력이 필요하다.

교육을 통해서 진정한 연예인 역할의 중요성을 인식하고 참여할 수 있는 자세를 갖도록 해준다. 연예인 자체가 자신들의 귀중한 인식을 위해서 일탈적인 언행을 주의하면서 청소년을 비롯한 모든 사람에게 모범을 보이는 언행이 절실하다. 연예인을 통해서 바람직한 성 윤리를 확립할 수 있는 계기가 되도록 사회적 노력을 열심히 하여야 한다. 연예인이 혼탁한 성 윤리의 현실을 극복해갈 수 있는 대상자가 될 수 있도록 사회적 관심을 증진시킬 필요가 있다. 모두가 격변하는 인간의 기본욕구에 대하여 다양하고 획일적인 대안의 발전을 위해 노력해야 할 것이다. (2011.03.17.)

소통이 활발한
자치행정을

자치구에 거주하는 주민 간의 신뢰를 바탕으로 자치단체장과 원만한 의사교류가 이루어져야 지역사회가 발전한다. 자치단체장과 주민 간의 의견이 상치될 경우 엄청난 갈등과 문제가 발생하기 때문이다. 모두는 항상 상대방의 입장에서 이해하고 이야기를 하려는 노력을 하여야 한다. 특히 자치단체장은 막강한 판단과 결정의 권한을 갖고 있어 각별한 배려가 요구된다. 현 인천시장은 야당인 민주당 출신으로 정부와 원만한 협력관계가 잘 이루어지지 않아 사업추진에 어려움이 있다는 비평을 받고 있는 것도 이러한 본질적인 특성 때문이다. 인천시가 지역 내 여당 출신 국회의원을 비롯한 정부와 한나라당과 협력관계를 원만하게 구축하지 못하고 있어 당면과제 해결이 어려워 보인다. 인천시 같은 국제교류 사업이 많은 도시의 경우 정부여당의 적극적인 협조가 절실하다. 우리나라의 경우 예산과 국책사업을 중앙정부가 좌지우지하기 때문에 지역과 상호 간의 적극적인 협력이 필요할 뿐이다. 이것이 원만하지 못할 경우 지자체의 발전을 기대하기가 어려운 현실이다. 지자체의 특성에 따라서 2014년 인천아시안게임 등 정부의 지원을 필요로 하는 주요사업이 진척을 보지 못하고 있는 실정이다.

민주당 출신의 현 인천시장은 취임 이후 2014년 아시안게임 주 경기장 건설을 비롯한 구도심 재개발 등 주요사업의 추진방향이 바뀌면서 추진속도를 내지 못하고 있다. 인천시는 현 시장 취임 이후 아시안게임 준비, 경인고속도로 일반화 등과 같이 정부의 승인과 국비지원을 필요로 하는 사업계획을 일방적으로 변경하고 해당부처에 승인을 요청했으나 수개월째 방치되고 있다. 이는 인천시의 일방적 독주행태가 중앙부처와 여당으로부터 외면받은 결과로 보고 있어 원만한 대책이 절실하다. 지금의 인천시장은 민주당 출신이나 중앙은 한나라당이 집권하고 있기 때문에 문제해결은 고사하고 갈등관계로 지방행정이 표류하고 있는 실정이다. 특히 국제관계와 관련된 사업은 정부의 적극적인 지원 없이는 불가능하다. 아시안게임 준비와 대형사업에 대한 국비확보 등 일이 많은 인천에서 시장과 정치권, 시장과 시민 간의 괴리감을 극복해야 당연하다. 시장이 특정정당 출신이라하더라도 사업이 궁극적으로 국가와 인천시 발전을 위한 일이라면 정부가 적극적으로 나서야 한다. 이것이 원만하게 이루어질 때에 지방자치단체도 발전하게 된다.

아시안게임 주 경기장과 선수촌·미디어촌 건설, 경인고속도로의 일반도로화 등 주요사업이 정부와 충분한 협의 없이 변경되어 시정의 신뢰성을 상실한 상황이 반복되고 있어 큰 문제다. 인천시는 앞으로 아시안게임과 관련하여 국비지원, 서해5도 대형여객선 도입, 인천 경제자유구역 사업활성화, 수도권매립지 주변 환경 개선 등을 위해 한나라당 의원들이 힘써 줄 것을 요청했다. 문제는 한나라당 국회의원들이 현 시장에 대한 지원과 협력관계가 원만히 이루어지지 않고 있다는 현실이다. 중앙정부와 지자체 관계가 여야로 구분되어 대립할 때에 중앙정부와의 협력이 원만하지 못한 게 현실이다. 이로 인한 지자체 사업이 소홀할 수밖에 없는 현실을 이해하여야 한다. 궁극적으로 아무리 국가를 위한 사업이라 하더라도 현실적으로 추진할 수 없는 형편이 되면 곤란하다. 한나라당과 중앙정부는 현실적인 관계보다 국가와 사회발전이라는 차원에서 깊이 생각하여 판단하여야 한다. 중앙정부의 지원과 노력이 절실한 사업에 대하여 과감하게 지원해주는 자세가 절실하다. 국제협력은 국내정당의 문제가 아니라 국익차원과 지역교류 차원에서 이해하여야 마땅하다.

결과는 지역사회와 국가발전에 기여하게 됨을 인식하여 적극적으로 지원해주어야 한다. 소아를 버리고 대아를 생각하듯이 일정한 지역보다는 전체적으로 국가발전의 차원에서 생각하고 지원해주어야 함을 강조한다. 정당이 다르고 시책이 다르더라도 같은 공간에서 생활하는 사람들끼리 갈등과 대립을 해서는 안 될 일이다. 여야를 막론하고 사회와 지역을 위한 사업에 적극적으로 동참하는 기본자세를 반드시 갖기 바란다. 대중국 관계에서 거리가 가깝고 역사성이 깊은 인천시는 앞으로 대중교류 관계 확대를 적극적으로 추진해야 한다. 정부도 중국과의 역사적 관계를 고려, 현실적인 차원을 탈피하여 국가발전이란 측면에서 적극적으로 지원해야 한다. 글로벌시대의 국제 대도시 간 협력과 교류가 매우 중요함을 인식하여 인천시와 대중국

간의 적극적이고 활발한 교류를 추진하여야 마땅하다. 성공적인 아시안게임 추진은 비단 인천시 문제가 아닌 한국 전체의 과제임을 인식하여 국가차원에서 적극적인 지원이 마땅하다. 이것이 바로 지역이 국가를 위해 기여하는 방법이다. (2011.03.24.)

공직자의 올바른 자세

　　공직자는 국민의 모범적인 언행을 하여야 당연하다. 근무여건이 아무리 힘들고 어려워도 공적인 발전을 위한 기본의식이 변해서는 안 된다. 역사적으로 볼 때에 사회와 국가를 위해서 개인적인 욕구를 버리고 봉사와 희생정신으로 일관한 충성스런 관리는 만인으로부터 존경받는다. 우리나라의 반만년 역사 속에 사익과 사적관계를 멀리하고 공익과 국민을 위해서 모범을 보인 존경받는 관리들은 세상이 바뀌어도 지금까지 후손들이 존경하고 있음을 상기할 필요가 있다. 이순신 장군과 포은 정몽주를 비롯해서 수천 명의 지도자들이 그러하다. 역사를 살펴보면 수많은 민중의 지도자가 공익을 위해서 세상만사를 개혁했음을 알 수 있다. 지금까지도 역사는 그들을 사랑하며 존중하고 있다. 공직자는 시대를 초월하여 항상 정직하고 공익을 위해서 일하여야 한다. 공직자가 사사로운 감정이나 잘못된 판단으로 올바른 업무를 추진하지 못할 때에 민중들은 엄청난 혼란을 겪기 마련이다.

우리 집안도 전통적인 관리집안으로, 조부와 부친 그리고 형제들도 사사로운 감정과 이익을 떠나 항상 공익을 먼저 생각하고 배려하면서 살아왔다. 부친도 40년 이상을 철도공직자로 최선을 다하셨다. 특히 31살에 총각으로 군수를 역임한 형님의 청렴결백함은 큰 의미가 있다. 나도 이러한 집안의 영향을 받아서 사익보다는 공익을 항상 먼저 생각하며 행동한다. 나 자신은 물론 집안의 인간관계도 다행스럽다고 생각한다. 모범적인 가풍이 지금까지도 이어지고 있어 주위 사람들이 우리 집안에 대해서 매우 긍정적인 평가를 하고 있다. 가치 판단이 올바르지 못한 사람이 공직을 맡을 경우 엄청난 피해를 주민들에게 주게 된다.

최근에 상습도박 혐의로 불구속 입건된 남양주시의 한 간부 공무원이 시(市) 예산으로 유럽을 다녀와 도덕성 논란이 야기되고 있다. 공직자의 자질이 부족한 사람이 공직을 맡은 산물이다. 무슨 일이 있어도 공직자는 청렴하여야 함은 역사가 입증하고 있다. 남양주시의 모 과장은 지난 15일부터 10박 11일의 일정으로 독일과 영국 등을 방문하고 25일 귀국하여 비난이 지금까지 대단하다. 모 과장의 이번 유럽연수는 30년 이상 근속한 공무원에게 주어지는 비정상적인 관행적 혜택이다. 모 과장은 부인과 동행했으며, 남양주시는 이번 여행에 600만 원의 경비를 지원하여 논란이 되고 있다. 더구나 27일 모 과장이 연수를 떠나기 직전 상습도박 혐의에 연루돼 불구속 입건되자 일부 동료 공무원들이 연수를 포기하라는 권유까지 했다는 후문이다.

어떻게 공직자가 사사로운 이익과 편의를 위해서 공적인 사고와 노력을 파괴하여야 하겠는가. 있을 수 없는 일이다. 한심스럽게도 모 과장은 항공권, 호텔 등 이미 계획된 일정을 취소할 경우 위약금을 물어야 한다는 이유를 내세워 연수를 강행하였다. 징계를 받으면 연수자격을 박탈당할까 봐 무리해서 떠났다는 설이 나도는 등 비난여론이 고조되고 있다. 한 직원은 요즘 시청에서 도박과 횡령 등의 비위사건이 연달아 터지고 있는데 사건 당사자가 해외여행을 가는 것이 말이 되냐고 분노하고 있다. 어느 직원은 비난을 예상하면서도 여행을 떠난 속내가 궁금하다고 개탄한다. 이러한 현실에 대해 모 과장은 여행사에 미리 여행대금을 입금시켜서 가지 않았으면 위약금을 물어야 했다며 변명하고 있다. 한편으로는 근무연수가 됐기 때문에 예정대로 다녀왔을 뿐이라고 합법성을 강조한다.

공직자는 사적인 욕구나 이익에 앞서서 공익과 일반시민을 위해서 손해를 보더라도 감내하는 기본자세가 절실하다. 이것이 부족한 사람은 항상 사익을 우선시하며, 개인적인 욕구해결을 위해서 최선을 다하게 마련이다. 존경받는 공직자의 사고와 행동은 후일에 평가를 위해서 중요함을 인식하기 바란다. 공직자는 항상 주위의 일반시민들을 위해서 헌신 봉사하는 자세를 가져야 한다. 약간의 손해를 보는 일이 있어도 불평하지 않고 감내하는 헌신적인 자세가 절실하다. 공직자가 구성원으로부터 지지와 존경을 받기 위해서는 사적인 사고와 현실적인 이익을 외면해야 한다. 공직자는 금액의 과다를 초월해서 사회구성원으로부터 지지와 존경을 받을 수 있는 행동을 하여야 한다. 그렇지 못할 경우 공조직에서 추방되어야 당연하다.

지위고하를 막론하고 사회정의 구현을 위해서 앞장서는 사람이 되길 간절히 바란다. 일반적으로 돈 없는 가정에서도 자신의 건강까지 희생하면서 가족을 위해서 헌신하고 있는 가장 같은 윤리가 절실하다. 학교에서 선생님의 선행이 중요시되는 이유도 이와 같다. 우리 사회는 항상 변화될 미래를 생각하면서 정정당당하게 살아야 함을 강조한다. 공적인 위치에 있는 사람은 이유 불문하고 주변여건과 사정에 적합한 행동을 하여야 한다. 그렇지 못할 경우 주위사람들과 조직구성원으로부터 감당할 수 없는 비난을 받게 됨을 인식하기 바란다. 공직자는 지위고하를 막론하고 사회구성원이 추종할 수 있는 바람직한 행동을 하여야 마땅하다. (2011.03.30.)

식목일에는 산과 생활현장에 나무를 심어서 푸른 터전을 가꿔가는 일에 최선을 다하여야 한다. 역사적으로 접근해보면 식목일인 4월 5일은 신라가 삼국통일의 위업을 달성한 날(음력 2월 25일)이며, 조선 성종이 서울 동대문 밖 선농단에서 직접 밭을 일군 날이다. 농사를 짓고 나무를 심기 위해서다. 조선시대 9대 성종대왕이 동대문 밖의 선농단에 친사하고 친경한 날(성종 24년 3월 10일)에서 유래하여 오늘날 국가기념일이 되었다.

이것이 연유가 된 후 지금의 식목일은 전국적으로는 나무 심기 행사를 한다. 오늘의 식목일은 1946년 국가기념일로 제정된 이후 올해로 66번째 맞은 역사성과 상징성이 있는 날이다. 강원도는 올해 도내 18개 시·군에서 2,360ha에 477만 그루의 나무심기를 실시하며 이 기간에는 도민이 참여할 수 있는 나무심기 행사와 나무 나누어주기 행사 등을 추진한다. 식목일에 나무를 심는 것은 살기 좋은 아름다운 환경을 만드는 데 근본목적이 있다. 우리 국토의 60% 정도가 산림지역인데 이곳에 튼튼하고 아름다운 나무가 잘 자라나야지 살기 좋은 나라가 된다.

식목일(tree-planting day)은 국민들의 나무 심기에 대한 애림의식을 높이고, 산지의 자원화를 위한 기념일로, 지금부터 62년 전인 1949년도에 해마다 4월 5일을 식목일로 정하고 법정공휴일로 제정하여 오늘에 이르고 있다. 봄에 나무를 심는 것은 나무가 잘 성장하기 위한 바람에서 시작되었다. 인간은 나무와 더불어 행복하게 살아가야 한다. 산림청은 금년도 식목일을 맞아서 전국의 288곳에서 기관, 단체, 개인 등 8만여 명이 참여하여 160만 그루의 나무를 심었다.

금년도 식목일은 유엔이 정한 세계 산림의 해와 유엔사막방지협약 당사국 총회의 한국개최 등을 결정해서 중앙 및 자치단체별로 식목 행사 외에 4월 한 달간 산림지역은 물론 생활주변의 도심과 4대강 희망의 숲 조성지 등 곳곳에서 나무심기 행사가 진행된다. 우리나라의 금년도 식목행사는 지난 2월 20일에 서귀포시에서 전국 첫 나무 심기를 실시하였다. 지자체별로는 서울의 도시생태림과 충청남도의 내포 신도시 용봉산 미관조성 등이 계획되어 추진된다. 지난달 말부터 전국 134곳에 나무시장을 열어 나무 나누어주기 행사를 가졌다. 정부와 지자체에서 육목을 재배하여 보급하는 대대적인 행사를 하고 있다.

식목일 이후에도 산림청을 통해서 4대강 희망의 숲 등 나무심기 행사에 참여할 계획이다. 산림청은 금년도 전국적으로 2만 ha에 3,800만 그루의 나무를 심는다. 전국의 관공서와 직장, 학교, 마을 단위로 나누어서 토양에 맞는 나무를 심는 활동을 전개하고 있어 다행이다.

식목일을 전후해서 한 달가량을 국민 식수기간으로 정하여 나무 심기를 전개하고 있다. 이에 온 국민들은 빈 공간과 산림터전에 최선을 다해서 정성껏 나무를 심어야 한다. 빈 터전에 푸르고 아름다운 나무를 정성껏 가꾸므로 살기 좋은 터전을 만들 수 있음을 인식하여야 한다. 나무가 우거진 아름다운 산야를 조성하기에 함께 참여하고 노력하는 국민이 되어야 한다. 산림조성은 어떤 특정한 집단의 문제가 아니라 현재는 물론 장래의 후손들을 위해서도 열심히 조성해야 할 일임을 강조한다. 전 세계가 나무 성장에 알맞은 식목일을 정하여 나무를 심고 가꾸는 원리와 현상을 인식하여 이를 정확하게 판단하고 우리도 나무심기에 최선을 다하여야 할 때이다. 식목일에 정성을 다해서 나무를 심는 사람의 깊은 뜻을 인식하고 이를 현실적으로 존중해 주어야 한다.

산림은 식재보다도 산불을 조심하고 정성껏 가꾸고 관리하는 노력이 절실하다. 정부에서 정한 금년도 66회 식목일에 많은 나무를 심고 정성껏 가꾸기에 최선을 다하여야 한다. 나무를 산에 심는 일도 중요하지만 심은 나무를 정성껏 가꾸고 돌보는 역할이 더 중요하다. 도로가와 산길 같은 곳에 알맞은 나무를 정확하게 정성껏 심어야 한다.

조림은 적어도 몇 십 년, 몇 백 년 앞을 내다보면서 심는 것이 바람직하다. 특히 산림이 많고 빈 공간이 넉넉한 우리나라 국토에 적합한 나무를 식재하여 정성껏 가꿔가는 국민적인 노력을 펼쳐야 한다. 앞으로 몇 십 년의 미래를 구상하면서 이에 적합한 나무의 품종을 개발하는 것이 적합하다. 적지에 알맞은 나무를 식재하는 일이 중요하다. 식목일에 즈음하여 온 국민이 꼭 심어야 할 공간에 정성껏 나무 한 그루씩 심고 정성껏 가꾸기를 바란다. (2011.04.07.)

왜곡할 수 없는 생명의 존엄성

무슨 일이 있어도 인간의 생명을 스스로 절단하는 비극은 없어야 한다. 최근 시험과 공부 스트레스로 인해 대전에서 올해만 KAIST 학생 4명이 잇따라 자살을 하였으며, 며칠 전에는 교수까지 스스로 목숨을 끊는 사건이 벌어졌다. 아무리 장학생의 대우가 좋고 공부를 잘하는 사람에 대한 특별한 대책을 지원한다 해도 이로 인한 자살은 있을 수 없는 일이다. 10일 오후 대전광역시 과학기술원에서 진지한 토론이 있었다. 학교생활과 학생자살 문제이다. 학문이 발달해 사회가 아무리 살기 좋은 세상이 되어도 인간의 절대적인 생명가치를 좌우할 수는 없는 일이다. 불행하게도 최근 KAIST 학생에 이어 박 모(54·생명과학과) 교수마저 목매 자살하는 사건이 벌어지자 커다란 충격을 주고 있다. 박 교수가 숨지기 전 작성한 것으로 보이는 A4용지 3장 분량의 유서에는 '미안하다. 아이들을 부탁한다. 카이스트에 미안하다' 등의 내용이 담겨 있었다. 정부는 박 교수 유서를 토대로 죽음에 대하여 근본적인 원인을 규명하고 있으나 앞으로는 무슨 일이 있어도 자살하는 사례를 막으려는 노력과 제도가 절실하다.

인간생명의 절대적인 가치는 무슨 일이 있어도 단절할 수 없는 일임을 온 국민이 인식하고 이를 적극적으로 방지하여야 한다. 세상이 발전하고 경쟁력이 치열하더라도 어떤 목적 또는 결과를 위한 일을 위해서 목숨을 끊는 일만은 없어야 한다. 개인과 집단의 노력으로 성취 정도가 차이 나는 것은 당연한 사회현상이며, 이로 인한 자살은 있을 수 없는 일이다. 인간의 생존 자체가 궁극적인 목표 때문에 훼손돼서는 결코 안 된다. 지위고하와 빈부차이가 결코 생명가치를 앞지를 수 없는 일이다. 삶은 각자의 능력개발을 위해서 최선의 노력을 다하는 것보다 더 큰 가치와 보람이 없음을 인식하여야 한다. 조그만 목표달성을 위해서 삶의 근본적인 가치를 왜곡할 수 없는 일이다. 우주 삼라만상이 존재하는 원리와 이치를 항상 생각하면서 최선의 노력을 다해가는 데 삶의 본질이 있음을 인식하는 기회를, 이 봄철에 지극정성으로 씨앗을 심고 가꾸어가듯 노력하여야 한다. 가을날에 화려한 열매를 맺는 대자연의 법칙을 결코 무시하거나 외면할 수 없는 일이다. 현실의 어려움과 고난을 내일의 희망과 꿈으로 극복하며 최선을 다하려는 노력이 절실할 뿐이다.

인간의 절대적인 존엄성보다 더 중요한 일이 없음을 다시 한 번 강조한다. 기분과 감정이 결코 고귀한 생명을 앞지를 수 없음을 인식하여 항상 최선을 다하는 노력으로 만족하는 삶을 영위해야 할 것이다. 어떠한 일이 있어도 이것이 비현실화되었을 경우 다른 방법을 모색할 수 있는 여건을 만들어주어야 한다. 변화될 수 없는 인간의 절대적인 생명가치의 존중과 보전을 위해서 전력을 다하려는 노력들이 절실하다. 이를 위해 서로 돕고 이해하면서 최선의 협력을 다하고 양보하는 자세가 절실하다. 죽을 수밖에 없는 병마에 시달리는 자식의 건강을 위해서 불철주야 기도하고 밤을 지새우는 어머니의 소망 같은 꿈을 함께 이뤄가야 할 것이다. 사랑하는 사람을 위해서 먼저 죽음을 택하는 전설 같은 인간의 존엄성을 위해서 최선을 다하는 공동체 구성원이 되길 소망해본다. 빈부와 건강문제는 차이가 있을망정 절대적인 생명가치가 어떠한 일로 인해서 결코 변화되거나 바뀔 수 없음을 강조하고 싶다.

인간은 공동체 정신으로 서로 돕고 지원하면서 천수를 누리는 게 제일 중요하다. 만물이 새로운 꽃을 피우고 열매를 맺기 위해서 땅속의 수분을 빨아올리듯이 모든 인간들이 각자의 노력으로 주위 사람의 진정한 행복과 발전을 위해서 최선을 다하며 생활해가는 노력이 절실하다. 또한 어떠한 열악한 환경에서도 스스로 목숨을 끊는 자살이라는 극한의 상황이 일어나서는 안 됨을 인식하기 바란다. 사람은 항상 최선의 노력을 다하면서 행복과 보람을 찾아가면 된다는 사실을 강조한다. 경쟁은 노력과 능력에 따라서 순위가 이루어지기 마련이나, 결코 이로 인해 생명 간 존재를 좌우할 수 없는 일임을 강조한다. 어떤 일이 있어도 인간의 절대적인 생명가치를 단축시킬 수 없음을 우리는 이번 KAIST 학생 4명의 자살을 통해서 절감하기 바란다. 인간의 생명가치는 어떠한 능력에 따른 순서로 정할 수 없는 절대적인 가치임을 재삼 강조한다. 인간이 만인과 더불어 행복하게 살아갈 수 있는 방법이 있는데, 이를 위해서 최선을 다하는 자세가 필요하다. 이번 KAIST 학생들의 자살사건을 배경으로 앞으로는 어떠한 일이 있어도 인내하면서 최선을 다하는 노력이 절실함을 강조한다. (2011.04.12.)

아름다운
봄꽃축제를

　지난 겨울날의 유난했던 추위가 지나가고 따사로운 봄날이 돌아오
자 꽃을 찾아서 많은 사람들이 봄날을 즐기고 있다. 추운 겨울날이
선물한 기분이 드는 듯 사람들이 너무 즐거워한다. 계절이나 사람은
변화되는 시간이 온몸으로 느껴질 때에 실감한다. 지난 주말에는 경
기도청에서 벚꽃축제가 열렸다. 따뜻한 낮 기온에 관람객들이 몰려
팔달산 주위 200여 그루에 핀 벚꽃과 개나리를 즐겼다. 예년보다 기
온이 낮아 이번 주말에 만개한다는 소식이다. 마음 착한 어린이를 동
반한 가족단위 또는 연인끼리 오는 주말에 도청주변을 찾는다면 만
개한 벚꽃에 가슴 설레는 기쁨 속에 추억을 만들 수 있다. 꽃피는 봄
날에 아름다운 자연환경을 만끽하는 봄놀이는 시간이 지난 후에는
그리운 추억으로 남게 된다.

　기상청에 따르면, 이번 주말에도 서울·인천·경기 지역에서는 토

요일과 일요일 모두 맑은 가운데 서쪽에서 다가오는 고기압 영향으로 구름이 조금 끼겠다는 예보다. 아침에는 다소 쌀쌀하겠으나 낮에는 기온이 올라서 따뜻한 날씨를 보일 것으로 예상된다는 소식이다. 최저기온은 5~7도, 최고기온은 15~17도 분포를 보여서 낮과 밤의 일교차가 여전히 큰 상태라서 옷차림이나 건강관리에 유의해야 한다. 그러나 주말 이틀 동안 낮에는 봄나들이하기에 좋은 따뜻한 날씨가 될 전망이다. 벚꽃 등 봄꽃축제를 찾아 나들이하기에 제격이다. 화창한 주말에 가족 또는 연인의 손을 잡고 봄 축제에 다녀오는 게 좋을 듯싶다.

꽃은 소리에 흩날린다는 올봄의 주제처럼 다채로운 행사를 진행한다니 다행스럽다. 인천 강화군 강화읍 용흥궁 궁원~고려궁지~강화산 성북문~오읍약수터 일대 거리를 따라 15일부터 야간 벚꽃놀이 축제가 개최되고 있다. 가까운 경기도 일원에서 자연을 벗 삼아 도보로 여행길을 떠나는 일도 바람직하다. 여주 신륵사 맞은편에 조성된 강변유원지는 고운 모래가 특히 아름다운 곳이다. 여강(남한강) 따라 가는 역사문화 체험은 강변유원지 주차장을 출발하여 부라우와 우만리 나루터, 남한강교, 바위늪구비, 닷둔리 마을길을 거쳐 원주 흥원창까지 이어지는 길이다. 도심에 인접해 분주하리라는 예상과 달리 남한강변을 끼고 도는 아담한 길가는 무척이나 한가롭다. 산과 강의 정취를 맛보며 걸을 수 있는 코스는 양평의 금광아파트에서 시작하여 군청을 거쳐 체육공원에 이르는 총 4.7km다. 어느 산책로처럼 편의시설도 잘 갖춰져 아이를 동반한 가족단위 산책로도 손색이 없다.

봄기운이 완연한 주말과 휴일에 각자 취향에 맞는 콘서트, 춤, 연극 등 다양한 문화공연을 즐기는 것도 의미 있다. 봄날의 부제가 붙은 인천 종합문화예술회관에서 지난 17일까지 개최된 에우리피데스의 비극 메디아와 같은 공연이 다양하게 연출된다. 꽃피는 아름다운 봄날에 경기도 지방의 다양한 프로그램에 주민들이 자발적으로 참여하고 즐기는 시간을 관계당국은 많이 창출하는 노력을 기울여야 한다. 아름다운 경기도의 봄꽃축제에 지역주민들의 자발적인 참여는 물론이고 다른 지역 사람들의 관광코스로도 경기도를 찾을 수 있도록 다양하고 품위 있는 프로그램을 개발·유지하여야 한다.

경기도의 아름다운 산하와 자연환경을 경기도 주민뿐만 아니라 전국의 사람들이 기쁘게 찾아서 즐길 수 있는 다양한 프로그램 개발에 최선을 다하여야 한다. 한반도의 중심이며 아름다운 산하를 소유하고 있는 경기도의 역사적 배경과 유물이 풍부한 유적지의 철저한 관리가 절실하다. 경기도는 아름다운 자연환경을 잘 관리하고 계획해서 우리나라에서 제일 소중한 주말관광지로 혜택을 볼 수 있도록 만들어야 한다. 우리나라에서 아름다운 봄꽃축제지로 최적합지인 경기도 일대를 정부차원에서 꽃피는 봄철 프로그램을 개발하여 추진하는 것도 바람직하다. 아름다운 봄꽃축제를 모든 가정과 지역사회 그리고 학교와 사회단체에서 개최하므로 꽃피는 봄날의 분위기를 조성해갈 필요가 있다. 이것을 금년부터 경기도가 주축이 되어 추진해나가길 바란다.

어느 곳을 막론하고 꽃피는 봄날을 국민들이 즐길 수 있는 기회를 만드는 일이 중요하다. 모든 인간은 아름다운 꽃을 좋아한다. 필요에 의한 자발적인 주민운동의 시원이 되었으면 하고 소망해본다. 아름다운 꽃피는 곳에는 새들이 모이기 마련이고, 향기를 맡으려는 사람들이 몰려들기 마련이다. 봄날의 공간을 축복받은 공간으로 만들기 위

해서 경기도민들이 한번 깊이 생각하고 실천하기 바란다. 꽃 심고 가
꾸는 마음은 아름다울 수밖에 없다. (2011.04.20.)

성추행 근절과 도덕성 강화를

성장한 남녀 간에 흔히 있는 성 문제가 요즘 사제지간에 벌어져서 문제가 되고 있다. 성 문제는 본능적인 것으로, 항상 주의하여야 할 사항이다. 요즈음 매스미디어를 통한 자유로운 성관계를 볼 수 있어서 청소년과 젊은이들이 많은 영향을 받겠지만 대학에서 이 같은 문제가 발생해서 충격을 주고 있다. 최근 모 대도시에 있는 대학에서 제자인 학생을 성추행해서 직위 해제된 교수가 있어 우리 사회가 떠들썩하다. 우리 학생은 물론이고 중국유학생까지 성추행한 것으로 밝혀지고 있어 문제가 심각하다. 박사과정에 유학 중이던 이들은 지난해 40대 남자 지도교수에게 성추행당한 경험을 주고받았다. 자신이 술에 취한 상태에서 교수에게 성관계를 강요당한 정황을 전했다. 지도교수라는 신분을 악용해서 성관계를 요구하는 일은 도저히 있을 수 없는 일이다.

이들은 한국말이 서툴고 지도교수에게서 지도를 받아야 하는 처지이지만 이의 해결을 위해서 성적 접근을 생각해서는 절대로 있을 수 없는 일이다. 지도교수가 회의를 핑계로 서울 동행을 요구해서 자신을 경복궁과 백화점에 데려갔으며, 열차 등에서 자신의 허벅지를 만지고 어깨를 팔로 두르는 행위 등을 한 것이 사실이라면 커다란 충격이다. 교수는 여학생들의 신체를 만진 사실은 인정하면서도, 성추행이나 성관계의 강요는 없었다고 부인했다. 도저히 있을 수 없는 일이다. 한국인 재학생·졸업생들도 허리를 감싸 안았다는 등의 성추행 피해진술서를 대학 쪽에 냈다. 단과대학 학생회는 모 교수의 사퇴를 촉구하는 서명운동에 나섰다. 대학은 지난 4일 모 교수를 직위 해제한 데 이어, 다음 주 징계위원회를 열어 징계수위 등을 결정한다. 문제는 철저한 조사를 통해서 사실이 밝혀지면 대학을 떠나도록 해야 한다.

대학교수는 존경받는 인격체로서 언행이 분명한 기본에 충실하여야 한다. 성인들의 성 의식은 바로 자신의 인격과 직결되는 기준이 되므로 특별한 자기관리가 필요하다. 사사로운 감정과 기분으로 남녀관계를 맺으면 안 될 일이다. 항상 이성적인 기준으로 남녀관계를 유지하면서 우리 사회가 남녀 간에 서로 신뢰하여 존중하면서 살아가야 마땅하다. 서로 신뢰하고 도와주는 살기 좋은 사회를 만들어가야 선진사회도 될 수 있다. 특히 남녀관계의 규범과 예의가 절실한 현실을 올바로 인식하여 상호 간에 존중해주는 일상적인 생활화가 절실하다. 앞으로는 건전한 성 문화를 생활화하여 성 문제로 갈등과 문제를 야기하는 일이 없어야 한다. 청소년 시절부터 가정과 학교 지역사회에서 바람직하고 건전한 성 문화 육성을 위해서 기여하는 분위기

조성에 노력하여야 한다.

역사적 도덕성을 떠나서 현실적으로 젊은 남녀들이 진정으로 사랑해서 즐거워하며 궁극적으로 결혼하는 문화를 육성하는 일이 중요하다. 요즈음처럼 남녀 간의 이성문제를 자신의 욕구와 기분에 따라서 자유자재로 이루어져서는 안 될 일이다. 규범은 물론 시대환경에 따라서 달라지게 마련이지만 원칙과 전통에 근거한 예를 존중할 필요가 있다. 인간은 탄생과 더불어 시대가치와 윤리를 지켜야 한다. 시대와 규범을 떠나서 인간이 항상 지켜야 할 도리와 원칙을 실천하면서 기분 좋게 생활화하도록 한다. 앞으로 예민하고 분명한 이성 관계를 자신 있고 넉넉하게 인식하면서 살아갈 수 있도록 지원해주는 자세가 절실하다. 특히 청소년기부터 이성에 대한 철저한 윤리교육을 실시하여 올바른 지도자로 육성하는 전략이 필요하다.

우리나라의 전통적인 성 윤리에 대한 역사도 교육을 통해서 실시하므로 역사적 사실을 올바르게 인식하여 그 중요성을 철저하게 실천해가도록 한다. 시대의 차이는 있지만 남녀 간의 성차별에 따른 특별한 대우와 관계를 절실하게 인식해서 판단하여야 한다. 이러한 사실을 인식시켜서 원만한 인간관계를 유지해가도록 사회적 분위기를 조성하는 일이 중요함을 강조한다. 시대와 가치의 변화에 따라서 남녀관계가 달라지고 이에 따른 규범이 상이해짐을 인식하여 교육시키는 일이 중요하다. 정확하게 교육시켜서 올바른 청소년기의 성 윤리를 인식시켜주어야 함을 강조한다. 감정이 예민하고 마음이 한없이 다양한 청소년기에 이성에 대한 올바른 인식을 갖도록 교육시키고 지도하는 일이 무엇보다 중요하다. 아무리 매스미디어의 역기능이 크고 활발하여도 청소년기에는 올바른 성 지도자의 자세를 인식시켜서 참된 지도자를 추앙하도록 하는 일이 절실하다. 성 윤리는 시대에 따라서 조금씩 변화되지만 소중한 본질은 변할 수 없음을 강조한다. 건전한 청소년들의 성 윤리가 아름다운 남녀관계를 창조하면서 행복하게 생활화하도록 노력하여야 한다. (2011.04.28.)

학생인권 조례

학생들의 폭력방지를 비롯한 다양한 인권차원의 요인을 보호해줄 필요가 절실하다. 학창시절에 폭행으로부터 보호받으며 즐겁게 학교생활을 하는 일이 중요하기 때문이다. 학창시절의 어려운 일은 후일 성인이 되어서 역기능으로 작용하여 많은 사회문제를 야기할 수 있다. 경기도 학생인권조례 제정에 대하여 경기지역 중·고교 학생 82.3%가 찬성한다고 밝혔다. 반면에 교사는 52.8%가 반대하는 것으로 나타났다. 아직도 교사들은 학생을 지도하는 데 폭력이 필요하다고 믿고 있는 현실이다.

경기도교육정보연구원은 경기도교육복지종합센터에서 열린 학생인권의 성공적 정착을 위한 대안 모색 정책토론회에서 관내 82개 중·고교 교사 3,778명과 학생 2,736명을 대상으로 학생인권조례 설문조사 결과를 발표했다. 자료에 따르면 학생인권조례에 대하여 교사는

79.3%가 잘 알고 있다고 답한 반면, 학생은 60.6%만이 잘 알고 있다고 답하였다. 전면 시행 2개월이 다 되어가지만 학생의 40%가량이 인권조례에 대해 잘 모르거나 전혀 모르고 있는 현실이다.

특히 인권조례에 대한 찬반의견은 학생과 교사 간에 큰 차이를 보이고 있는 가운데 교사들의 소속단체에 따라서도 엇갈린 반응을 보이고 있다. 전교조 소속 교사는 80.5%가 찬성한다고 밝혔으나 교총 소속 교사의 찬성률은 37.2%에 그쳤다. 인권조례 시행 후 학교현장 변화에 대해서도 교사는 64.5%가 부정적이라고 평가하였다. 반면에 학생들은 72.3%가 긍정적이라고 평가하여 대조적인 반응이 나타나고 있다.

체벌 등 금지에 따라 도교육청이 제시한 인권 친화적 학생생활지도 프로그램에 대해서 교사의 62.8%가 숙지하지 못하고 있다고 응답하였다. 인권조례 각 항목 가운데 두발 및 복장문제로 선생님과의 갈등상황이 줄었느냐는 질문에 교사의 56.4%, 학생의 72.7%가 그렇다고 밝혔다. 동일한 사례에 대하여 학생과 교사 간의 견해가 큰 차이를 나타내고 있다. 교사의 82.8%가 조례시행 이후 학생생활지도에 어려움이 가중되었다고 답한다. 교사의 72.5%는 학생인권이 강화되면 교권이 약화될 것이라고 생각하고 있다. 조례시행 이후 행복해졌다는 응답자는 교사가 33.3%이며 학생은 55.7%로 큰 차이를 보이고 있다.

인권조례 제정보다 더 중요한 것은 교사와 학생들 간의 신뢰를 회복하여 상호 폭력을 배제하고 인격적으로 생활해가는 노력이 절실하다. 오랫동안 관습화되어 내려온 사제지간의 폭력을 이제는 인격적으로 접근해갈 수 있는 관계가 절실하다. 교사는 상황적으로 폭력이 불가피할 경우 인내하는 자세의 생활화가 절실하며, 학생들은 교사가 폭력을 행사하지 않도록 특별히 행동하여야 한다. 각 학교의 사정에 따라 폭력문제에 대하여 자율권을 주어 해결하도록 하는 제도가 중요하다. 사제지간의 폭력은 인권문제로 양자 간이 평소에 원만한 관계를 유지하면 해결해갈 수 있다. 스승의 이유이기 때문에 폭력을 행사해서는 절대로 안 될 일이다. 사제지간뿐만 아니라 인간사회에서는 어떤 일이 있어도 폭력을 행사하지 않도록 하고 있다.

학생이 스승을 진심으로 존경하고, 선생은 학생을 아끼고 사랑하는 생활의 일상화 노력이 절실하다. 인격이 존중되는 사회에서 폭력은 있을 수 없는 일이다. 요즈음 사제지간의 갈등이 점점 상승되고 있는데, 이것은 제자들의 스승존경 사고를 높여주고 교사들이 학생사랑을 실천하는 자세로 해결할 수 있다. 교사들은 학생으로부터 존경을 받을 수 있는 인격을 향상하거나 특기를 발양하는 데 적극 노력해야 한다. 사랑과 존경도 양자 간의 원만한 인간관계가 형성되어야 가능하기 때문에 이를 위한 양자 간의 노력이 절실하다. 격변하는 사회에서 최선의 노력을 통하여 사제지간의 신뢰관계를 높여서 어려운 일이 없도록 노력하기 바란다. 사제지간의 존경과 사랑의 일상화는 양자 집단이 노력할 때에만 가능하다. 학생들이 스승에 대한 존경심을 가질 수 있도록 교사들의 각별한 사랑과 관심이 요구된다. (2011.05.04.)

택시기사의 안전운전

　택시는 승객들이 평안하고 안전하게 탈 수 있도록 운행하여야 한다. 손님이 안전하게 택시를 타고 이동할 수 있는 조건을 만들어주어야 마땅하다. 그런데 요즈음 택시기사들의 여성승객을 대상으로 한 성폭력 사건이 잇따라 발생하면서 현행 여객자동차운수사업법상 운전종사자의 허술한 자격기준이 논란이다. 수원 경찰과 A운수에 따르면 택시기사 최 모(47) 씨는 지난달 19일 오전 1시 40분께 수원시내 도로 상에서 자신의 영업용 택시에 승차한 B씨를 성폭행하려 한 혐의 등으로 경찰에 구속되었다. 최 씨는 특수강간 등 19범의 전과기록을 보유한 자로 확인됐다. 택시기사들의 불법행위는 승차고객에게 고통을 주고 있으며, 이의 피해가 크므로 철저한 대책이 절실하다. 지난해 12월에도 오산지역에서 만취한 여성승객을 태운 뒤 성폭행한 혐의(강간)로 택시기사 권 모(40) 씨가 구속되었고, 같은 해 6월에는 20

대 여성승객을 성폭행하고 돈을 빼앗은 혐의(강간치상)로 이 모(46)
씨가 구속되었다.

이러한 사건의 발생배경에는 여객자동차운수사업법상 운전업무
종사자의 부실한 자격기준이 커다란 영향을 미치고 있다고 전문가들
은 지적한다. 현행 여객자동차운수사업법 24조는 금고 이상의 실형선
고 뒤 집행이 끝난 지 2년만 지나면 운전업에 종사할 수 있도록 규정
하고 있다. 사실상 성폭력 전과자의 택시기사 취업제한이 불가능한
셈이다. 실제로 택시기사 최 씨는 2001년 교도소를 출소했지만 2009
년 11월 운수회사에 택시기사로 정식 채용된 것으로 확인됐다. 백석
대학교 경찰행정학과 모 교수는 운수종사자의 자질과 능력은 승객들
의 안전과 직결되는 문제라며 대중교통의 공공성에 비춰볼 때 운수
종사자의 자격기준을 강화하는 제도적 장치를 조속히 마련해야 한다
고 지적한다. 이에 대해 국토해양부 관계자는 지난해 8월 특정강력범
죄자의 취업 제한기간을 현행 2년에서 5년으로 연장하고, 성범죄 전
과자의 택시운전을 금지하는 입법안이 국회에 제출돼 통과를 기다리
고 있다. 이 입법안이 하루빨리 통과되어야 할 것이다.

택시기사들의 안전운전 의식강화 대책이 절실한 실정이다. 승객들
이 안전하게 택시를 타고 운행하는 일이 급선무다. 승객들이 안전하
게 택시를 타고 이동할 수 있도록 운행 시에 철저한 관리대책을 세워
야 한다. 일반시민들이 약속을 지키고 일상적인 일을 보기 위해서 손
쉽게 택시를 타고 이동하게 된다. 이때 택시기사 폭행에 의해 승차고
객이 어려움을 당해서는 안 될 말이다. 선진 민주사회는 평범한 일상
생활이 안전하게 보장되고 자유자재로 이동이 가능하여야 한다. 우리
사회가 언제부터 이렇게 이동이 어려워졌는지 고민하고 대책을 세워

야 할 때다. 도시에서 일상생활을 하면서 택시를 타고 자유자재로 이동할 수 있는 교통여건 조성이 절실하다. 자가용 승용차를 운행하는 사람들도 본의 아니게 택시를 타는 경우가 종종 발생한다. 지금은 택시 타면 경비가 문제가 아니라 편안하게 생명을 보호받는 이동권이 문제다. 종종 발생하는 택시 강도사건을 철저하게 대처하여야 한다. 세상의 신뢰가 큰 문제이기 때문이다. 선진 민주주의는 시민 모두가 안전하게 운행할 수 있는 기본여건이 확립되어야 한다.

우리나라 수도권에 있는 수원이라는 대도시에서 택시 강도사건이 발생하는 것은 있을 수 없는 불행한 일이다. 당국의 철저하고 엄격한 단속으로 범행 발생을 사전에 예방하여야 한다. 이동하는 사람들이 상호 신뢰하고 안전하게 교류하는 것이 선진국의 기본임을 망각하지 말아야 한다. 택시를 안전하게 이용하여 볼일을 보면서 편안하게 살아갈 수 있는 사회를 만들기에 치안당국은 최선을 다하여야 한다. 야간 이동자인 모든 국민은 항상 택시기사의 위협을 생각하여 철저하게 대비하여야 한다. 우리 사회가 앞으로는 서로를 신뢰하고 존중하면서 행복하게 살아갈 수 있도록 노력하여야 할 것이다. 사회구성원의 신뢰는 명랑하고 행복한 사회를 만드는 데 꼭 필요하다. 우리 사회는 직업과 관계없이 서로 존중하고 도와주면서 살아가는 사회를 만드는 일에 솔선수범하여야 한다. 사회의 진정한 발전은 우선 권력과 힘 있는 사람들이 솔선수범하여 규범을 지키고 앞장서서 솔선수범하여야 함을 강조한다. 자발적으로 일반서민들에게 도움을 줄 수 있어야 한다. (2011.05.12.)

지난달 사흘 동안 내린 중부지방의 폭우는 장마기간에 내린 강수량보다도 많은, 104년 만의 최고 강수량이라고 한다. 최근의 기후변화를 겪다보면 엄청난 양으로 내리는 국지성호우는 이제 예삿일이 되고 있다. 앞으로도 이상기온으로 인한 기상이변 현상은 잦아질 가능성이 크다. 아직 수해복구가 이뤄지지 않은 이번 주말에도 비가 예보되고, 8월 중에 이런 집중호우가 몇 차례 예고되어 있어 특별한 사전준비가 절실하다.

일부 기상학자는 이런 우리나라의 기후를 아열대성 기후변화로 보고 있다. 지구의 기온상승에 따른 식물과 동물 생태계 이상 현상을 설명하기 위해 '아열대화'라는 용어가 국내에서 자주 등장하고 있다. 월 평균기온이 섭씨 10도 이상인 달이 8개월 이상 지속되고, 가장 추운 달 평균기온이 섭씨 18도 이하인 기후를 아열대성 기후라고 한다.

지난 30년(1971~2000년)을 관측한 평년값에 근거한 아열대기후는 우리나라에서 제주도와 남해안 일부내륙 및 도서지방만 해당한다고 볼 수 있다.

기온이 계속 상승하면서 21세기 말인 2071~2100년에는 제주도와 울릉도를 포함해 충청북도 지역까지 아열대기후 지역이 확장될 것으로 예측한다. 해안가를 중심으로 서쪽으로는 서울과 수원 등이, 동쪽으로는 속초와 강릉 등도 아열대기후 지역에 포함되지만 내륙으로는 추풍령과 영주 위쪽 지방은 21세기 말에도 아열대기후에 해당하지 않을 것으로 분석하고 있다.

우리나라의 기후정책도 좀 더 미래지향적이고 다양한 방법을 모색하여야 한다. 아열대성 기후로 변할 경우 농작물 재배와 산림정책의 대대적인 변화를 사전에 인지하고 준비하여야 할 것이다. 농촌에서 재배작물 변화에 따른 농산물의 생산량 예측과 공급 등 대책이 필요하다. 농촌뿐만 아니라 어촌의 고기잡이 양태의 변화에 따른 대책도 세워야 한다. 바다의 온도변화로 동해안의 오징어 떼가 서해안으로 몰려들고 있는 현실을 직시하여 미래의 고기잡이 시책을 수립하여야 한다.

기후변화는 인간의 적극적이고 지혜로운 대책만이 최선이다. 변화하는 기후를 어떤 방법으로 극복할 것인가를 심각하게 생각할 때이다. 특별한 대안이나 방안을 모색하기 어려운 현실을 인식하며 적절한 방안을 모색해가는 것이 바람직하다. 다만 적응하는 대처가 현실적이고 미래지향적 차원에서 이루어져야 한다. 삼한사온과 뚜렷한 사계절의 특성에 젖어온 우리가 이제는 불가측성인 기후변화를 의식하며 지혜로운 삶을 영위해가는 노력이 필요하다. 농어업의 1차 산업구조의 변화는 물론 2·3차 산업의 형태가 방향을 바꿔가야 할 때가 왔음을 인식하여야 한다.

우리나라는 강수량의 3분의 2가 6~8월 장마기에 집중되고, 표토층이 얇아 자연 담수능력이 열악함에도 생활용수 사용은 증가하여 UN이 정한 물 부족국가로 지정되었다. 현재 체육시설에 한정된 빗물 이용시설의 설치대상을 향후 물 부족의 대비와 도시형 홍수예방을 위하여 건축물과 공공시설에까지 확대 설치하는 도시계획을 세워야 할 때이다. 독일에서는 이미 지구의 물 부족사태를 대비하여 일반가정에까지 빗물을 저수조에 담아두고 생활용수로 활용하도록 적극 권장하고 있다.

매년 늘어나는 비 피해도 결국 치수관리 능력의 산물이다. 변화무쌍한 기후변화에 능동적으로 대처할 수 있는 능력을 키워 몇 십 년 만의 기록적인 폭우, 폭설, 가뭄 등 천재지변이 닥쳐도 대처할 수 있도록 대비해야 한다. 이번 비 피해지역 주민들은 무분별한 난개발로 인한 산사태와 재난 예방대책을 취하지 않아 안타까운 인명피해와 막대한 재산손실을 키운 인재라고 주장한다. 지자체는 예상치 못한 강수량 때문이었다고 하기에 앞서 피해를 최소화하려는 노력은 얼마나 기울였는지 스스로에게 물어볼 일이다.

앞으로 변화될 기후변화에 따른 대안을 정부와 지자체는 하루빨리 세워야 한다. 국민이 원하지도 않는 선심정책이 중요한지, 국민생명이 먼저인지 국가 우선순위를 국민의 입장에서 생각하고, 근본적인 재난예방을 위한 예산확보 및 지원을 확대해가야 한다. 재난을 당한 후 복구작업에 쏟아붓는 예산이 저절로 줄어들게 하는 재난 예방대책을 철저하게 하는 것이 나라 살림을 살찌우는 길이다. 2~3일 집중호우에 안방으로 토사가 쏟아지고, 집 앞 거리가 잠기며, 소중한 가족을 잃을지 모른다는 공포를 안고 사는 나라를 원하는 국민은 단 한 명도 없다. (2011.08.03.)

취업도 하기 전에 대부업체의 대출금을 걱정해야 하는 대학생들에 대한 현실적인 대책이 절실하다. 연체율 증가는 비싼 등록금과 청년 실업과 매우 밀접한 관계에 있다. 부모와 대학생이 땀 흘려 일을 해도 모자라는 게 현재 대학의 등록금이다. 학자금 대출도 모자라, 대부업체에 손을 내밀어야 학자금과 생활비를 겨우 마련할 수 있는 게 우리나라 대학생들의 현실이다. 올해 상반기까지 대부업체에서 돈을 빌린 대학생은 47,945명이다. 이는 지난해 같은 기간에 비해 57.2% 증가한 것이다. 대출금도 40.4% 늘어 모두 794억 6,000만 원에 달했다. 이에 따른 연체율도 급증하였다. 원리금을 갚지 못해 연체된 대출금은 무려 118억 1,000만 원이나 된다. 대출금이 77.5% 늘어, 전체 대부업체의 연체율의 두 배인 14.9%나 되는 현실이다.

대학생 5만여 명 중 적지 않은 수가 이미 신용불량자라는 낙인이

찍힐 위기에 처한 현실을 해결할 수 있는 대책을 시급히 세워야 할 때다. 사회진출도 하지 않은 대학생이 신용불량자가 되어 고통받는 일을 외면해서는 안 된다. 더구나 재학시절 빌린 돈을 갚지 못해 사회에 첫발을 내딛기 전부터 신용불량자로 전락할 수밖에 없는 최악의 상황을 국가와 사회가 우선적으로 해결해주어야 한다. 대학생의 대출규모 연체율 급증은 금감원 조사결과에서도 나타났다. 이번 조사는 대규모 업체인데, 여기에 소액대출을 취급하는 소규모 대부업체까지 조사하면 피해규모는 훨씬 커질 수 있다. 적지 않은 대학생들이 몇 십만 원 등 소액대출을 받기 위해 전단이나 휴대전화 광고 등을 이용하고 있다. 대학생들은 액수가 큰 학자금 대출도 있지만, 생활비나 유흥비 등 액수가 적은 금액도 대출받는 학생들도 상당히 많은 현실이다.

문제는 아르바이트로도 감당할 수 없을 정도로 대출규모가 커지는 경우가 많아지고 있다. 이럴 경우 졸업 후 바로 취업이 어렵고 실직상태에서 대출금을 갚지 못해서 신용불량자가 되는 경우가 많기 때문에 문제가 심각하다. 이에 따른 대학생 파산사태가 크게 우려된다. 사회적 진출 앞에서 신용불량자로 낙인 찍힐 경우 미래가 너무나 절망적이다. 이런 비극적인 일이 없도록 국가와 사회가 적극적으로 나서야 한다. 기획재정부 국정감사 자료에 따르면, 대학생 신용불량자는 2007년 3,785명에서 2010년 26,000명으로 급증했다. 원리금을 갚지 못해 신용회복위원회를 통해 개인워크아웃을 상담한 20대 신용불량자도 2005년 이후 84,227명에 이른다. 대학생의 대부업체 대출이 늘어나는 건 천정부지로 솟는 대학등록금이 일차적인 문제다. 학자금을 마련하기 위해 대부업체를 찾은 학생들이 빌린 돈은 1년 새 251억

5,000만 원에서 34% 증가한 336억 8,000만 원에 이르고 있다.

이러한 현실 속에 최근 사회적 문제로 대두되면서 대학등록금 반값운동이 일어나고 있으나 대안은 없는 실정이다. 대학 역시 등록금 인하보다 장학금 확대라는 대안을 내놓고 있으나 효과는 기대하기 어렵다. 금감원은 대부업체를 이용한 이들 대학생에 대해 정부가 지원하는 한국장학재단의 연 4.9% 저금리 학자금대출로 유도할 방침이다. 대학생 대상 대출을 자제하고, 돈을 갚지 못한다는 이유로 부모 등 제3자의 대위변제를 강요하지 말도록 대부업체 240곳에 지도공문을 보냈다. 앞으로 대학등록금 문제를 정부와 사회차원에서 지원해주는 획기적인 대책마련이 절실하다. 돈이 없어 대학생활이 어려워 고통 받는 학생들에게 격려와 위로를 해주어야 한다. 젊은이들이 대학을 졸업한 후 사회에 첫발을 내놓으며 오직 희망과 꿈을 펼치면서 생활할 수 있는 사회적 분위기를 조성해주어야 한다. 내일의 꿈을 향해 현실의 어려움을 극복해갈 수 있는 사회적 노력이 절실하다.

지방자치단체와 지역사회에서는 지역에 있는 대학을 적극적으로 지원하는 일에 앞장서야 한다. 장학금과 후원금을 조성하여 경제적으로 지원해주고, 졸업생을 취업시키는 일에도 적극 나서야 한다. 대학은 지역사회 발전에 선도적 역할을 하면서 지역출신 학생들의 취업에도 깊은 관심을 갖고 적극 지원해주길 바란다. 특히 지역발전 전략과 깊은 협력관계를 맺어 졸업생들을 대거 취업시킬 수 있는 대학의 특성화도 필요하다. 글로벌시대에 따른 지역의 특성화 사업을 대학과 협력할 필요가 있음을 강조한다. 가장 중요한 대학시절에 부채로 걱정하는 일이 없어야 한다. 대학시절에는 학문탐구와 인격연마에 최선을 다할 수 있도록 여건을 만들어주어야 한다. (2011.08.11.)

부모자녀 관계개선

부모가 자식을 사랑하고 자식이 부모를 존경하는 아름다운 사회조성을 위해서 모두 함께 노력할 때이다. 전통적인 충효사상이 물질문명의 발달과 개인이기주의로 인해 많이 약화되고 있다. 잘못된 가치관과 물화사상의 확산으로 부모 간의 애틋한 관계도 망가지고 있다. 재산관계로 인해서 부모의 목숨마저 잃게 하는 극한 상황도 발생하는 현실이 안타깝다. 특히 이혼건수가 세계 1위를 차지하고 있는 우리나라의 경우 이혼가정 자녀들에 대한 사회적 돌봄과 관심이 필요하다.

최근 수원지법은 이틀간에 걸쳐 양평군 힐 하우스에서 '이혼가정 부모자녀 관계개선을 위한 가족캠프'를 개최하였다. 이혼가정 자녀와 부모의 관계개선을 위한 자리다. 수원지법이 주관하고 수원·용인·화성시 건강가정지원센터와 수원시 자원봉사센터가 공동 개최한 이번 가족캠프에는 이혼소송이 진행 중이거나 이혼한 가족 중 자녀를 양육하지 않는 부모와 자녀 등 15가정에서 45명이 참여했다.

이번 캠프는 이혼가정을 대상으로 양육부모의 견제 없이 미양육부모에게 자녀를 만나 함께 지낼 수 있는 시간을 통하여 이혼으로 인한 상처와 부정적 감정과 스트레스를 줄이기 위해 마련했다. 감정이 예민한 청소년들이 부모의 이혼으로 받는 충격과 고통을 이러한 캠프를 통하여 극복할 수 있는 계기가 되길 바란다. 부부간의 이혼은 자녀들에게 자신의 의지와 상관없는 가족해체로 인해 상처를 받고 심각한 심리적 갈등을 겪게 한다. 이들에게 부모와 자녀가 마음을 열고 서로를 이해하는 시간을 갖도록 하기 위해 가족캠프를 개최했다는 데 의미가 있으며, 앞으로 더욱 확대해야 한다.

부부는 올바르고 바람직한 자녀교육을 위해서 최선의 교육적 노력과 사회적 지원을 해야 한다. 이들의 미래가 국가와 사회의 성장을 좌우하기 때문이다. 성장기에 있는 청소년들이 감내하기 어려운 고통을 다양한 프로그램을 통해 지원해주는 사회적 노력이 필요하다. 다행스럽게도 수원지방법원은 가족결손으로 인한 가족구성원 간의 갈등을 해소할 수 있는 가족캠프를 해마다 개최할 계획이란다. 이런 캠프를 통해서 이혼한 부모와 자녀에게서 나타나는 문제점을 개선하고 가능성을 추구해가는 것이 바람직하다. 비단 법원뿐만 아니라 사회의 모든 기관에서 홀로된 자녀에 대하여 관심과 사랑을 갖고 지도해가야 할 때다.

부모 중 한 사람의 상실로 남은 한 부모가 자녀의 욕구를 만족시키기에 용이하지 않다. 때로는 병마에 시달리다 세상을 떠나거나 성격 차이 등의 이유로 이혼하는 사례가 크게 늘어나고 있다. 홀로된 청소년들에게서 그릇된 태도와 부적응현상이 나타나는 경우가 있어 각별한 사회적 지도가 요구된다. 이를 학교와 지역사회에서 담당해야 하나 현실은 모두 외면하고 있을 뿐이다. 일반적으로 한 부모 가정의 청소년 자신은 미래의 꿈과 가치에 대하여 회의적이고 무가치하게 생각하며 자아개념이 낮은 경우가 있다.

특히 이혼가정 청소년의 경우, 사별한 가족의 청소년들에 비해 정서적으로 불안감, 우울감, 공격성을 비롯한 문제행동의 우려가 높게 평가된다. 전반적으로 이혼가정 청소년에 대한 평가가 부모가 사별한 가정의 청소년에 비해 상대적으로 부정적이다. 가족관계에 있어 부모의 무관심과 부모를 향한 청소년의 부정적 태도가 일반적으로 많이 나타나게 된다. 부모의 이혼상황에 잘 적응하며 오해와 원한의 마음을 잘 조정하도록 전문적인 지도와 사회적 관심이 요구된다. 특히 초등학생인 청소년에게는 자아존중감을 성장시켜주기 위한 다양한 프로그램의 지속적인 운영이 절실하다.

세상이 아무리 발달해도 인간의 사랑과 부자지간의 정만은 돈독해져야 한다. 사회질서 유지를 위한 법규준수를 실천하고 있는 법원에서 부모관계의 중요성을 인식하고 이를 지자체와 협력하여 실천하는 일은 매우 바람직하다. 청소년들이 성장하면서 각별한 부모의 사랑을 받는 것은 후일 여유 있고 원만한 사회생활을 할 수 있는 기본이 되기 때문이다. 부모의 기본적인 사랑을 받지 못하고 자라나는 청소년들을 위해서 지역사회 차원에서 공공기관과 사회단체의 각별한 관심과 실천이 요구된다. 한 자녀를 둔 가정의 증대는 다자녀 가정의 순기능을 살려서 교육적이고 여유 있는 생활을 영위해야 할 것이다. 한 자녀를 지나치게 과보호하는 양육은 이제 그만두어야 한다. 어린 시

절부터 사회적 규범을 올바로 익히고 인내하고 적응하는 사회관계를
배워야 한다. (2011.08.18.)

46

복지
포퓰리즘

복지개념이 클라이언트의 지원에서 시작되어 지금은 사회구성원 모두가 넉넉하고 행복한 삶을 보장해주는 복지 포퓰리즘으로 확대되고 있다. 서울시 주민투표 결과로 서울시 교육감과 민주당이 다수인 서울시의회가 추진해온 소득 구분 없이 모든 학생들에게 무료로 지원하는 무상급식 정책을 추진할 전망이다. 양극화의 심화로 중간층이 무너지고 하류계층이 늘어나면서 사회전반에 복지수요가 커지고 있는 현실에 문제가 야기된다. 중앙정부와 지방자치단체, 정치권의 복지정책 전반이 복지 포퓰리즘의 영향을 받게 될 것이다. 총선과 대선을 앞둔 여야는 앞으로 유권자들에게 더 많은 분야에서 더 많은 혜택을 무료로 제공하겠다는 공짜 복지 아이디어를 정책으로 쏟아내려 해서는 안 된다. 복지정책 구현을 위해서 이성적이고 현실적인 국제사회의 흐름을 외면하지 말아야 한다. 복지수요자를 획일적으로 보아서는 안 된다. 개인이나 국가가 소득을 창출하지 않고 쓰기만 한다면 개인과 국가 모두 망할 수밖에 없다는 사실을 분명히 인식하여야 한다.

　여당은 앞으로 이 나라 우파 진영을 대표하는 정당으로서의 복지 철학이 무엇인지부터 분명하게 세우고 그에 따른 정책의 우선순위와 재원마련 대책을 국민 앞에 내놓아야 한다. 민주당도 이번 투표가 국민으로부터 보편적 복지정책 전반에 대한 허가를 받은 것처럼 자만하지 말아야 한다. 일본의 경우 복지 포퓰리즘에 무너지고 있다. 정권의 퍼주기 복지가 재정사정을 더욱 악화시켜 선심성 복지 포퓰리즘을 후회하고 있지만 이미 때는 늦었다. 후회하는 일본 복지정책의 구조적 모순을 되풀이해서는 안 된다. 정권의 퍼주기 복지가 재정사정을 더욱 악화시켰다. 무너진 재정을 복구하려면 부채를 줄이고 복지를 축소해야 하지만 선거에서 표를 의식한 정치권은 결단을 내리지 못하고 있다. 일본은 선심성 복지 포퓰리즘에 빠져들었다고 후회하고 있지만 이미 때가 늦었다. 2009년 글로벌 경기침체 이후 일본의 대규모 재정적자 확대와 국가부채 증가로 1991년에 비해 3배가 넘는 수준으로 경제협력개발기구(OECD) 국가 중 최고다.

　일본이 이러한 상황까지 오게 된 것은 과거 자민당 정권이 세수를 고려하지 않고 국채를 찍어 지출을 늘려왔기 때문으로 분석되고 있다. 여기에 민주당 정권의 퍼주기 복지가 재정사정을 더욱 악화시켰다. 무너진 재정을 복구하려면 부채를 줄이고 복지를 축소해야 하지만 선거에서 표를 의식한 정치권은 결단을 내리지 못하고 있는 상황이다. 무디스에 이어 다른 신용평가 회사들도 줄줄이 일본의 신용등급을 낮출 분위기다. 복지 포퓰리즘은 결국 국가를 파국으로 몰아간다는 학자들의 주장을 존중하고 수용해야 한다. 정치권이 복지 포퓰리즘을 경쟁적으로 남발했기 때문에 오늘의 어려움을 겪고 있다. 국제적으로 선진 부유국가가 가장 중요한 문제라는 복지 포퓰리즘에 대한 경각심을 불러일으키고 있는 현실을 외면하지 말아야 한다. 한 예를 들어보면 의료와 교육이 국가에서 무상으로 제공된다 하여도 그리스 가구는 45%의 비용을 지불한다. 이러한 복지 포퓰리즘 때문에 2.5% 정도의 가계가 매년 높은 의료비용으로 파산하고 있는 현실이다.

날로 늘어나는 국채와 외채증가는 국가의 내일을 결코 보장할 수 없는 현실을 분명하게 인식해야 한다. 이익은 특정단체가 아닌 다양한 국민들에게 돌아가야 하며, 복지정책은 빈곤계층에게 집중되어야 한다는 주장의 타당성을 수용할 필요가 있다. 국민들이 복지 포퓰리즘에 빠져들지 않는 정책을 여야가 힘을 모아 추진해가야 한다. 글로벌시대에 취약계층의 어려움 해소와 일자리 창출 그리고 활력 넘치는 사회건설이 우선임을 강조한다. 국제경쟁력을 강화하고 경쟁업체와 상호 협력하는 지혜가 필요한 시기이다. 이를 여야가 함께 협력과 공존으로 모범을 보여야 한다. 여야는 국가와 국민의 발전과 미래의 혜택에 대한 깊은 관심을 갖고 노력하여야 한다. 국제협력과 신뢰관계의 확산을 통한 현실적이고 효율적이며 미래지향적인 복지정책을 추진해가기 바란다. 복지의 보편적 확대개념과 포퓰리즘의 확대가 노동가치의 중요성을 훼손시켜서는 안 된다. 대중의 표를 얻을 목적으로 모든 분야의 복지서비스를 확대해가는 일이 없도록 하여야 한다. 인간에게 노동의 기회 확충과 노동을 통한 보람과 희열의 창출은 무엇보다 중요하다. (2011.09.01.)

아름다운 도로이름

　오랫동안 우리나라의 농어촌마을에 자리 잡고 있던 이름이 새로 부각되어 역사와 지역 문화의 특성을 살려주고 있다. 이촌(離村) 현상의 심화로 폐쇄된 도로와 바뀐 자연마을·전설·지명·인물 등이 새로운 길 이름으로 되살아나 문화적 관심이 높아지고 있다. 요즈음은 사람의 이름도 아름답게 지어서 남들이 관심을 가질 수 있도록 한다. 일제강점기에는 일본인이 임의로 이름을 지어서 호적에 올렸다. 성씨만을 기록한 사례가 그러하다. 할머니들의 이름은 이씨, 김씨 등으로 이름이 호적에 등재되었다.

　유서 깊은 농어촌마을이 우리 역사 속에서 잠자고 있던 사실과 조상의 지혜가 도로이름으로 되살아나고 있어 다행스럽다. 사람의 이름처럼 도로이름이 부르기 쉽고 지역의 상징성을 띠므로 지역발전에 기여할 수 있게 됐다. 노가리길, 두꺼비로, 쪽구름로, 꽃밭정로, 황새

알로 등으로, 정부가 올해 연말까지 새 도로이름 주소를 부여할 계획이다. 새로운 도로이름과 관련하여 재미있고 유서 깊은 이름이 눈길을 끌게 되었다. 화성시 서신면의 경우 예부터 전해지는 자연마을의 이름을 딴 노가리길을 비롯해 은쟁이길, 구름내길, 수풀오얏길 등의 새로운 도로이름으로 출발하게 된다.

조선시대 임금에게 쌀을 바쳤던 진상미로 유명한 이천시 장호원읍 대서리에서 장녹동 구간 22㎞는 쌀을 널리 알리기 위해 진상미로라고 이름을 붙였다. 광주시 광주나들목에서 서하리에는 이 고장 출신의 독립운동가인 해공 신익희 선생을 기리는 해공로가, 직동에서 광남동에는 조선 세종 때 재상인 고불 맹사성을 기억하기 위한 고불로가 각각 등장했다. 안성시 죽산면 칠장리에는 인근마을의 이름에서 따온 극락길과 임꺽정이 활동했다는 유래에서 나온 임꺽정길이 탄생했다.

역사 속에서 유래해 사용돼 오던 도로이름을 새로 이용하므로 역사성과 지역이미지 활용에 크게 도움이 될 전망이다. 경기도는 옛 수도인 한성 인근지역으로 무수한 지역과 관련된 사연을 갖고 있다. 이를 지역 연구가와 지역 원로들을 대상으로 조사를 확대할 필요가 있다. 경기도뿐만 아니라 전국적으로 지역명에 대한 관심을 갖고 연구하여 지역문화 창출에 기여해야 한다.

충북도는 역사성과 지역성을 도로이름에 반영하였다. 고려 때 축조된 돌다리(길이 193.6m)가 있는 진천군 문백면의 새 도로이름은 농다리길이다. 작은 낙석으로 다리를 쌓은 방법이나 떠내려가지 않도록 축조한 유례가 없다. 기술이 동양에서 가장 오래된 전국적으로 긴 다리로 알려졌다. 청주시 상당구 석교동 육거리와 청원군 미원면 구방리 도로는 항일 독립운동가 단재 신채호 선생의 호를 따서 단재로로, 흥덕구 산남동 원흥이 방죽 일대 두꺼비 생태공원 주변은 두꺼비로로 각각 부르기로 하였다.

부산시는 전설, 지명, 관광자원을 활용하여 연제구 거제동 황새알로는 황새가 날아와 알을 낳았던 곳이라는 자연마을에서 이름이 나왔다. 지명을 이용한 도로이름으로는 연산동 톳고개로(토끼가 많았던 고개)이다. 제주시는 세계자연유산인 거문오름의 명칭을 딴 거문오름길을 비롯해 원당봉로, 사라봉길 등 기생화산인 '오름' 명칭을 사용한 도로이름 9개를 만들었다. 지역의 특성을 살려 새로운 이미지와 상징성을 각인시키는 일은 지역홍보에 매우 유리하다.

지금까지 사용하고 있는 많은 주소들은 일제강점기의 산물로, 아직까지 남아 있는 것도 문제이다. 이를 우리의 전통이 살아 숨 쉬고 있는 우리 이름으로 바로잡아야 한다. 우리 고유의 정서를 살린 새 주소가 주민에게 친근해지도록 널리 알리는 일은 중요하다. 중앙정부에서 전국 지명문제를 조정하지 말고 이를 지자체로 이관하여 적극 추진해가는 것이 바람직하다. 정부는 올해 말까지 전국 15만 8,000개의 새 도로이름 주소를 부여해 법정주소로 확정할 방침이다. 새 도로이름은 2013년까지 기존주소와 함께 사용할 수 있다. 이 기간 내에 지역의 역사성을 찾아 새로운 지명에 반영하길 바란다. 이를 지자체와 긴밀한 협력관계를 맺어 역사성과 현실성을 최대한 존중하고 살려야 한다.

역사와 전통과 민족의 얼이 살아 있는 추억의 지명을 지켜가는 일도 오늘을 살아가고 있는 우리의 몫이다. 지명이 비현실적이고 부정적인 곳은 새로운 희망과 관심을 불러일으킬 수 있는 이름으로 바꾸

는 일이 바람직하다. 미래지향적이고 희망과 소망이 살아 있으며 부
르면 기쁨이 솟는 지명으로 바꾸는 일을 우리가 적극적으로 추진하
여야 한다. 부르기 쉽고 아름다운 지역이름이 우리에게 기쁨을 주게
된다는 인식을 하기 바란다. (2011.09.08.)

고졸자의 취업평등

천연자원이 부족하고 인구밀도가 높은 우리나라에서 잘살기 위해서는 기술을 배우거나 공부를 열심히 하여 전문직에 취업하여야 한다. 삼성전자와 LG전자는 세계시장 경쟁에서 승리한 대표적 기업이다. 많은 기업이 세계시장을 개척하며 우리나라의 기술력을 성장시켜 가고 있다. 여기에는 고졸자와 대졸자의 학력차별 없이 각자의 기술과 능력을 존중하는 현실이다. 정부가 늦게나마 추진하고 있는 고졸자 채용기업에 인센티브를 주면서 취업을 확대하는 일은 그래서 바람직하다.

1950년대 세계 최빈국이던 우리나라가 1960년대 이후 급속한 경제성장과 정치적 민주화를 이룬 중요한 요인은 수준 높은 교육을 통한 우수한 인적자본 축적으로 볼 수 있다. 우리 민족의 많은 사람들은 자신과 가족의 삶을 희생하면서까지 자녀교육에 몰입하는 현실이다.

자녀의 대학입시에 유리한 환경을 좇아 학부모들은 서울 강남의 주거지를 선택하여 교육특구로 만들어 집값을 폭등시켰다. 그러다보니 고졸자는 노동시장에서 제대로 대접받기 힘들다. 서울에 있는 명문대나 외국 명문대를 졸업해야만 경쟁우위를 점할 수 있도록 되어 있는 사회제도가 현실적으로 커다란 문제이다.

우리 학생의 공부시간은 보충수업이나 사교육 시간의 비율이 매우 높으며, 자기주도 자율학습시간 비율은 상대적으로 낮다. 정부는 고졸자 채용에 앞장선 민간기업에 다양한 인센티브를 제공하기로 했다. 학력과 학벌 차별을 철폐한 공정사회 실천이 절실한 때이다. 이를 우선적으로 고졸자의 취업평등권 보장으로 대처하려는 정책은 잘한 일이다. 실력보다 졸업장을 우선시하는 사회풍조를 바로잡아 학력지상주의 폐해를 시정하여야 한다. 고졸자의 80% 이상이 대학에 진학하는 현실을 취업확대로 개선하여야 한다. 대학을 졸업하지 않아도 쉽게 취업할 수 있는 사회를 만드는 일이 우선이다. 고졸자 적합 직종에 대졸자가 취업할 경우 업무성과가 떨어진다는 점을 더 이상 외면해서는 안 된다.

미국 시사주간지 뉴스위크는 2010년 8월에 '지구촌의 살기 좋은 나라 100개국'을 뽑았다. 그중에서 우리나라는 국민 교육수준과 학업성취도 평가점수 등을 지표로 한 교육부문에서 핀란드에 이어 세계 2위를 차지하였다. 버락 오바마 미국 대통령은 여러 차례 우리나라의 뜨거운 교육열을 소개하며 미국 학부모들의 분발을 촉구한 바 있다. 이렇게 우리나라의 교육열 지표는 세계적인 수준이다.

문제는 고학력자들의 객관적인 실력을 함양하는 일이다. 대학을 졸업하고도 취업과 관련하여 일자리가 없는 것도 전공학과의 실력문제와 관련이 많다. 고졸자 채용확대를 단기목표로 세워 대졸자의 일자리를 빼앗는 방식은 있어서는 안 된다. 그러나 기회보장과 실력에 의한 선발을 막는 일은 없어야 한다. 고졸자 적합 직종 등 일자리 성격평가가 선행되어야 한다. 직원에게 직업능력 향상기회를 제공하여 근로 생산성과 승진 등 인적자원 평가체계를 정비할 필요가 있다. 고졸자가 역차별 시비에 휘말려 일회성 이벤트로 전락해서는 결코 안 되며, 오직 능력만으로 평가하는 직장분위기를 만들어가야 한다.

글로벌시대의 자유경쟁시스템은 학력이 아닌 실력으로 평가하고 선발하여야 한다. 형식적인 지나친 학력위주의 사회를 실력위주의 현실 존중사회로 변화시켜야 한다. 졸업장이 필요 없고 오직 실력과 능력만으로 평가하는 사회풍조를 만들어가는 일이 중요하다. 앞으로 고졸자의 취업평등 원리가 정착될 수 있도록 제도를 개선하고, 기업인의 의식을 개선해가야 한다. 그동안 우리 사회에 배어 있는 고학력 우선 인식을 과감하게 수정해가야 한다. 우리나라의 기능장들을 볼 때 평생 자신의 적성에 맞는 일을 선정하여 학력과 관계없이 개발시켜 오늘의 명인이 된 사실에 주목할 필요가 있다.

자신의 실력을 정당하게 평가해주는 시스템을 만들어야 한다. 적성에 맞지 않는 고학력자의 배출 개선을 위한 국민적 노력에 참여하여야 한다. 자신의 적성에 맞는 학과를 자유롭게 선택할 수 있는 자율권을 학생에게 부여해주어야 한다. 학력과 관계없이 고졸자에게도 선망의 대상이 되는 많은 성공한 사람과 명인 등을 소개하는 책자를 만들어 널리 홍보할 필요가 있다. 앞으로 고졸자에게 불이익이나 실망감을 주지 않고 대졸자와 똑같은 대우를 해주어 그들이 희망을 갖고 열심히 살아갈 수 있도록 해주어야 한다. 명분과 형식의 모순을 탈피하여 실질과 능력이 존중받는 사회를 만들어가는 일이 중요하다.
(2011.09.15.)

49

다문화
청소년

　다문화 청소년들이 큰 희망을 갖고 열심히 학습하도록 해주는 일이 중요하다. 글로벌시대에 다문화 청소년들의 꿈이 커지면 우리 사회 발전에 큰 힘이 될 수 있다. 미래사회 발전을 위하여 다문화 청소년들의 할 일이 많다. 다문화 청소년들이 실망하지 않고 미래의 희망을 꿈꾸면서 실현해갈 수 있도록 격려하고 지원해주는 사회가 되어야 한다. 이를 위하여 다문화 청소년들이 스스로 미래를 가꿔나갈 수 있도록 역량을 키워주는 일이 필요하다. 우선적으로 자기 정체성을 확립해주고 직업 및 진학 진로지도를 강화해야 한다. 그러나 다문화 청소년에 대한 사회적 무관심과 열악한 환경 등으로 꿈을 이뤄가기 어려운 게 현실이다.

　최근 여성가족부의 다문화가정 실태조사에 따르면 초등학생 자녀를 둔 결혼이민자의 73.5%가 자녀교육에 어려움을 겪고 있다. 부적응과 친구 간 갈등도 심각하지만 학생의 경우 학원비 마련과 학습 및 숙제지도 등의 어려움이 크다. 상급학교로 올라갈수록 진학률이 저조하고 미취학 자녀를 위한 인적·물적 인프라가 미흡한 것도 문제다. 가정이 경제·사회적으로 불안정한 분위기도 지장을 주고 있다. 우리 사회가 다문화가정의 부모들에게 자녀를 강하게 키울 수 있도록 기회와 여건을 제공해주는 일이 우선이다. 다문화 청소년의 부모가 자녀육성에 따른 역할을 잘할 수 있도록 도와주는 프로그램 교육을 강화해야 한다. 한국에서 당당하게 취향에 맞는 직장을 잡을 수 있도록 해주어야 한다. 다문화 청소년의 교육과 사회생활 적응에 특별한 관심을 갖고 지도해주는 일이 중요하다.

특히 한국인과 재혼하는 어머니나 아버지를 따라 한국에 온 청소년들에게 정체성을 확립시켜 최선의 노력을 다하도록 해주어야 한다. 현실적으로 이들에 대한 실태 파악조차 어려운 상황이며 인권과 교육의 사각지대에 놓여 있다. 한국어 교육을 비롯해 각종 적성에 맞는 취업교육과 편입학에 따른 적절한 지도가 절실하다. 이들에게 여건에 맞는 체계적인 진로교육과 지도를 하기 위한 노력을 기울여야 한다. 부모님을 따라서 입국한 다문화 청소년은 자신의 미래에 대해 진지하게 고민하여 대안을 찾도록 해준다. 이들이 적성과 능력에 따른 직업을 갖고 열심히 살아갈 수 있도록 특별지도가 필요하다. 희망을 갖고 살아갈 수 있도록 정책적으로나 제도적으로 도와주어야 한다.

우리 주변에 거주하는 다문화인들에게 이웃 같은 정을 나누며 함께 살아가려는 마음을 실천하도록 지속적인 노력을 기울이자. 다문화 청소년을 가난하고 못 배운 사람으로 규정하지 말고 지혜를 모아서 함께 문제를 해결하며 함께 살아가는 이웃이란 감정을 가져야 한다.

다문화 청소년들을 지나치게 단순화하여 부모와 나라를 잘못 만나서 불쌍하다고 생각해서는 곤란하다. 이들에게도 전문적인 교육과 현실적인 진로지도를 하여 선택의 폭을 넓혀주는 일이 우선적으로 이뤄져야 한다. 이중 문화나 이중 언어의 배경을 살려서 전문직업을 가질 수 있는 특별한 지도가 필요하다. 최근 이민자들은 국경 및 국적을 초월하는 삶을 살아가는 경향이 많다. 이들에게 다문화 청소년으로서 가져야 할 가치관과 능력을 배양시켜주어야 한다. 특히 이중 언어를 무기 삼아 글로벌 인재가 될 수 있다는 꿈을 키워주는 일이 중요하다. 다문화 부모들은 자녀를 키우는 법에 대하여 어릴 때부터 자부심을 심어주고 미래의 꿈을 키워가도록 지도한다.

청소년의 경우 학교 학습장애와 이로 인한 등교거부, 따돌림, 부적응 등으로 고통이 많은데 이를 극복해줄 수 있는 다양한 방법을 찾아야 한다. 일부 다문화 청소년들이 학습장애나 어릴 때의 유사자폐 등으로 병원을 찾아오는 사례가 늘어나고 있어 대책이 요구된다. 다문화 가정에서 엄마의 모국을 이해하고 존중하지 않으면 엄마로서는 서툰 한국말로 아이를 돌볼 수밖에 없는 현실을 어떻게 극복해주느냐의 문제도 당면과제다. 유럽과 호주 등 일찍부터 다문화 사회를 맞은 국가의 경우에서 문제를 해결한 사례를 우리도 빨리 수용하여야 한다. 독일의 경우 모든 발달이 정착되는 세 살까지는 매년 나라에서 언어발달 수준을 확인하고 늦다고 판단될 때는 국비로 치료해주고 있다. 다문화 가정 자녀들에게 부모나라의 문화정체성 속에서 나는 누구인가라는 올바른 인식과 자긍심을 갖게 해주어야 한다. 혼돈된 가치관과 방황하는 자신에 대하여 분명한 자아정체성을 인식하고 희망을 향해서 최선을 다하는 다문화 청소년이 되도록 지도해주어야 한다. (2011.09.22.)

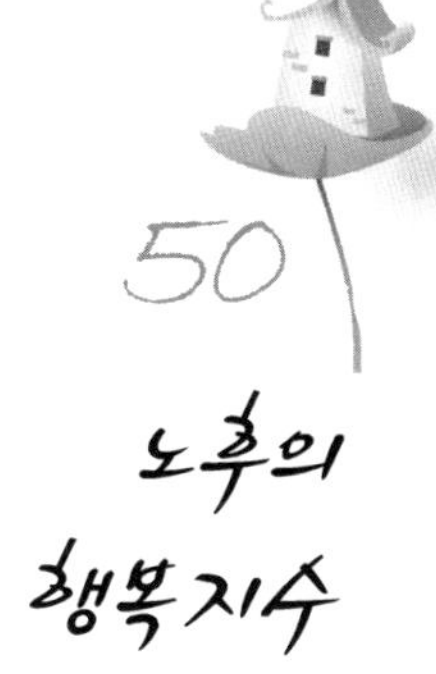

노후의
행복지수

　빠르게 다가오는 고령사회를 맞아 노인들이 행복하게 보낼 수 있는 여건을 준비해야 한다. 매년 우리나라 사람들의 평균연령은 높아가는데 일자리가 없어서 고민이 깊어간다. 우리나라가 노령화사회에 접어들면서 취업과 건강 등 노인문제가 심각한 사회문제로 대두되고 있다. 노인인구가 14%를 넘어 경제활동에 필요한 인력수급에 문제가 생기는 고령사회도 20여 년 앞으로 다가오고 있다. 그러나 출산율 저하와 수명연장 등의 요인으로 고령사회는 더 앞당겨질지도 모른다. 노인들의 건강과 여가활동이 원만하게 이루어질 수 있는 제도 확립이 필요하다. 특히 노인문제에 대한 복지대책을 현실적으로 수립하여야 한다.

　우리나라는 2004년에 고령화사회로 접어들었고 2019년 고령사회, 2026년 초고령사회에 이를 것으로 예상된다. 노령화지수는 올해

32.9%에서 2030년엔 120.3%로 매우 빠르게 이뤄질 전망이다. 가족구조와 기능이 바뀌면서 노인문제에도 큰 영향을 나타내고 있다. 핵가족화와 소가족화 영향으로 노인과 자녀의 별거세대가 늘어나 노인부양 기능이 감소되고 있는 현실이다. 가족형태나 동거형태와 관계없이 자녀가 노인을 실질적으로 모시며 보호하는 전통적 관행이 크게 감소하고 있다. 그러나 연금시대가 열리면서 경제력을 가진 노인층이 늘고 있어 다행스럽다. 경제적 생활이 안정되면서 일부 노인층의 건강과 의료욕구가 커지고 있다. 아울러 노인의 주거생활과 여가활동 등 복지서비스에 대한 욕구도 커질 전망이다.

우리나라의 복지체계는 경제수준에 따라갈 준비가 되어 있지 않다. 통계청의 인구자료 중에서 고령화사회와 관련된 자료를 보면 경제적 여유가 없는 사람은 노후의 생활이 고통스러울 수밖에 없다. 자녀들의 교육비에 많은 돈을 쓰기 때문에 이를 놓고 부부간에 자주 다투게 된다. 우리의 40대들이 노후에 가장 위태로운 세대로 제기되고 있는데 조기퇴직이 급격히 진행되면서 문제가 야기된다. 노후가 준비 안된 무방비상태에서 맞게 될 때 현실은 너무나 무섭고 냉정하다. 한국 보건사회연구원이 노후생활의 예상만족도를 측정하기 위해 국내 처음으로 30~60대의 재작년과 작년의 경제수준을 비교하여 노후 경제 행복지수를 산출한 결과를 보면 40대와 50대의 월평균 소득이 처음으로 역전된 것으로 나타난 데서도 알 수 있다.

2000년에는 50대의 월평균 소득이 가장 많았으나 작년에는 40대가 50대를 앞질러 임금 피크 세대가 되었다. 40대는 앞으로 소득이 줄어들 전망이어서 지금 저축하지 못하면 노후대비가 어려워지는 구조다. 현실적으로 자녀들을 교육시키고 여가생활을 즐기려면 가장 많은 돈이 소요되는 세대가 40대이다. 이들은 씀씀이도 커져 저축하기는 더욱 어려운 실정으로, 소득대비 저축률이 20.6%로 가장 낮다. 반면에 빚을 진 가구주 비율도 가장 높았다. 40대는 은퇴 이후에도 소비지출을 가장 많이 할 것으로 추정됐다. 노후 경제행복지수는 현재의 경제생활 방식으로 살았을 때 노후에 얼마나 경제적으로 행복에 가까울지를 점수화한 것이다.

통계청의 작년도 전국 가계조사를 기초로 각종 연금과 예금 등을 토대로 한 노후준비율, 자가 보유율, 월평균 저축률, 평균소득 등을 뽑아 수치화하였다. 100점 만점으로 할 때 40대가 65.8점, 50대가 70.7점, 60대가 65.7점으로 전 연령대의 노후가 불안한 구간에 속한다. 전문가는 적어도 80점은 넘어야 노후에 경제적인 문제로 고통받지 않을 수 있다고 한다. 이 중에서 30대는 그나마 시간이 있고 60대는 노후생활 기대수준이 낮기 때문에 실제로는 40대의 노후생활이 가장 취약하다고 볼 수 있다.

노후의 행복을 위한 경제적인 보장제도도 중요하지만 문제는 건강을 유지하면서 무슨 일을 어떻게 하면서 생활하느냐이다. 일상 속에서 자신이 하는 일이 취향에 맞고 사회를 위해 기여할 수 있는 일거리를 찾는 일이 중요하다. 65세 이상 중 혼자 사는 노인이 크게 늘어난 현실을 고려하여 이들을 위한 정부의 복지정책을 펼쳐야 한다. 젊은 시절에 열정을 바쳐서 열심히 일하며 노인이 되어서 취향에 맞는 일터를 갖고 최선을 다할 때에 진정한 행복을 구현해갈 수 있음을 강조한다. 매년 늘어나는 노인들의 행복지수를 위한 범국민적인 노력이 필요하다. 다 함께 참여와 이해로써 노인의 일자리를 만들어주고 그들의 취향에 맞는 여가생활을 즐길 수 있도록 지원해주어야 한다. 노

후의 행복지수를 높여주기 위한 미래의 정책개발이 중요함을 강조한
다. (2011.09.29.)

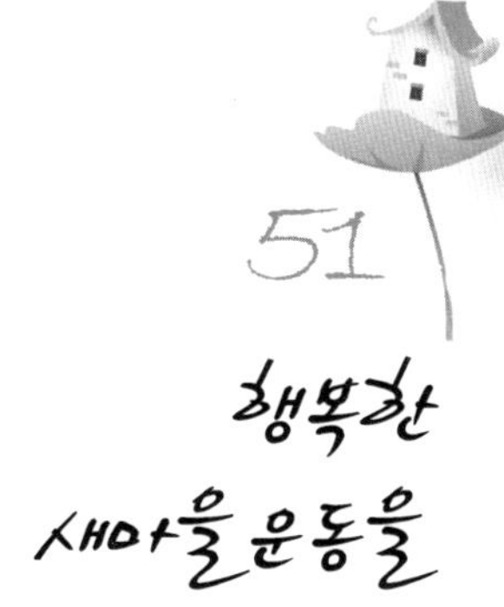

행복한 새마을운동을

인간의 삶은 최선을 다하여 행복을 구현해가려고 노력하여야 한다. 자기개발을 통한 진실한 생활은 결국 행복을 창출할 수 있기 때문이다. 우리는 42년 전 새마을운동을 통하여 가난과 무지의 비참한 현실을 극복하고 진정으로 행복한 삶을 추구하기 위해서 피땀을 흘렸다. 희망을 추구하며 행복하게 열심히 살아왔다. 새마을운동을 통하여 국민들에게 잘살 수 있다는 확신을 갖게 하고 이의 가능성과 꿈을 심어주며 삶을 행복의 터전으로 만들어갔다. 세계적으로 경제위기가 예상되고 있는 지금 새마을운동의 터전에 근거하여 글로벌시대를 이끌어가야 할 때다. 아직도 빈곤과 질병 그리고 무지 속에서 내일의 희망을 찾아보기 어려운 많은 후진국에 새마을운동은 역사의 실체로서 그들에게 희망과 꿈을 심어줄 수 있다. 우선적으로 이들에게 의식구조 개선을 통한 삶의 방식을 개선해갈 수 있음에 깊은 관심을 가져야 한다. 물론 실질임금의 감소 속에 4%대의 물가고에 시달리는 서민들의 고통을 이해하면서 그들에게 내일을 꿈꾸며 행복을 추구할 수 있도록 의식을 변화시켜줄 수 있는 일이 시급하다. 언론매체, 교육시설 등을 통하여 모든 국민이 행복을 위한 가치변화와 성실한 생활을 추구해가도록 해주는 일도 중요하다. 경제위기 속에 커지는 서민고통을 줄이고 각자의 노력으로 새로운 행복을 추구해가는 사회운동으로 근면·자조·협동의 새마을운동 이념을 한번 다시 전개할 것을 기대해본다. 금년도 물가상승률과 실업률을 합한 경제고통지수가 2008년도 금융위기 때 7.9보다 늘어난 8.1에 이르고 있다. 6월 말 현재 실질임금은 -3.9%로 물가상승률을 못 따라가는 임금인상으로 국민의 불평을 사고 있다. 문제는 재화의 창출을 통한 만족과 행복보다 내면적인 가치추구를 통한 행복을 추구하려는 생활이 절실하다. 치열한 경쟁과 과중한 업무 속에서 고통 받고 있는 사람들에게 희망과 위로를 줄 수 있는 인간관계를 실천하여야 한다. 국민운동으로 정착하기 위한 자생적인 각성과 실천이 절실히 요구된다. 신뢰와 협동은 타인을 이해하고 발전을 기대할 수 있는 요인이다. 이웃 간 서로를 도와주었던 대표적인 주민공동체운동을 새마을운동의 역사에서 방안을 찾아야 한다. 새마을운동이 급변한 사회변동을 선도하지 못했음이 다만 아쉬울 뿐이다. 사회여건과 가치관이 달라진 현실에 적합한 사회운동의 새로운 방향으로 전개되어야 한다. 인터넷 가상공간의 기능이 빠르게 확대되고 발전되어 대면적인 인간관계의 기능이 매우 약화되고 있다. 가상공간에서 부족한 인정문화를 70년대의 새마을운동에서 찾아보고 체험해보는 것도 좋은 방안이다. 서로 간의 믿음은 정성을 바쳐서 최선을 다하게 해주며 결국 만족을 통한 행복을 창출해가기 마련이다.

고도정보화 사회인 현실사회에서 믿음문화의 발전을 위해 노력을 기울여야 한다. 실질적인 인적교류를 통해서 발전시켜가는 대안을 새마을정신에서 찾아볼 필요가 있다. 새마을운동이 성공할 수 있었던 요인 중 하나가 공동체 구성원 간의 믿음을 통해 자신의 능력을 발휘한 결과였다. 인터넷의 다기능으로 인간의 대면적 관계가 소원해지는 현실의 모순을 극복해가기 위해서 새마을운동과 같은 사회구성원들 간의 신뢰와 소속감을 바탕으로 하는 주민조직이 필요하다. 신뢰의 주민조직을 통하여 지역사회를 안정되고 행복한 공간으로 만들 수 있다. 행복은 인간 최고의 목표이며 이성적 정신적으로 전체적인 생활의 만족을 추구하게 해주는 근원이다. 새마을활동을 통하여 공동체의식을 강화시키고 이는 결국 구성원을 행복하게 해줄 수 있다. 빈부와 지식과 관계없이 행복이 구현되어 감은 가치관에 따라서 내면적 만족도를 나타내기 때문이다. 이해관계와 삶의 방식이 다양한 사람들이 행복해질 수 있음은 신뢰의 새마을운동을 다양한 방법으로 실천해가는 데 있다. 자본주의에서 재원의 위력이 대단하지만 함께하여 행복을 추구하려는 지혜로운 사고보다 못함을 강조한다. 글로벌시대를 선도해갈 수 있는 새마을운동을 위해 한번 다시 지혜를 모으자. (2011.10.03.)

52

중국관광객 유치

　글로벌 경제위기 상황을 주시하며 이에 지속성장을 하고 있는 중국에 관심을 가져야 한다. 외채의 심각한 증대와 치열한 국제경쟁력 강화라는 당면한 문제해결과도 긴밀한 관련성이 있다. 국민소득이 높아지는 중국은 근로자와 서민들의 해외관광이 날로 늘어나고 있다. 중국관광객 유치에 세계 여러 나라가 공을 들이고 있는 이유도 이 때문이다. 지리적으로 가깝고 여행경비가 저렴하며 중국어 통역이 원만하여 관광에 불편이 적어 우리나라를 이들이 선호한다. 지속적인 관광객 유치를 위해서 한국의 여행을 통하여 체험할 수 있는 여행거리를 하루속히 개발하는 일이 중요하다. 중국관광객의 욕구를 수용할 수 있는 프로그램을 개발하고 여건을 조성하여 여행결과의 추억과 가치를 상승시켜야 한다. 부전자원이 없는 우리나라는 관광산업을 발전시켜야하며 이를 위한 철저한 중장기 계획수립에 힘써야 할 때다. 경제위기

극복을 위해서 우리는 관광산업을 더욱 발전시켜나가야 한다. 볼거리, 먹을거리, 쉴거리, 놀거리 문화가 풍부한 관광터전을 만들어주어야 한다. 세계에서 가장 짧은 기간에 경제를 발전시킨 우리의 현실과 반만 년의 유서 깊은 문화유산을 중국인을 비롯한 해외관광객을 위해서 활용하여야 한다. 최근에 제주도를 찾은 수백 명의 중국관광객들이 열악한 여건과 단순한 일정에 대하여 불평이 많았다는 보도를 더 이상 외면하지 말아야 한다. 그들은 모국에서 체험하지 못했던 프로그램과 한국의 고유한 문화를 보고 싶어 한다. 한국의 음식과 놀이, 의상, 생활양식 등을 짧은 여행기간에 체험할 수 있는 일정을 마련해주는 것이 중요하다. 중국관광객 확보를 위하여 철저한 계획과 다시 찾아오고 싶은 프로그램을 개발하는 일이 시급하다. 특히 날로 늘어나는 중국관광객 유치에 특별한 노력을 기울이며 다시 오고 싶은 여행지를 만들려는 노력이 절실하다. 중국의 최대 연휴인 국경절 연휴(10월 1~7일)에 7만 명의 관광객이 우리나라를 찾을 것으로 예상하고 있다. 지난해 같은 기간보다 20% 이상 늘어난 것으로 여행수입도 1,200억 원에 달할 것으로 보고 있다. 중국의 외국여행조사기관(COTRI)은 지난해에 해외관광객을 5,700만 명으로 발표했다. 금년도에는 6,500만 명, 2020년에는 1억 명으로 예상하고 있다. 세계 각국은 중국의 대규모 관광객을 유치하기 위해서 노력이 치열하다. 일본의 경우 이미 2년 전에 관광입국추진기본법을 제정하여 비자발급조건을 크게 완화하였다. 각종 해외여행자의 편의를 위한 서비스 개선에 앞장서고 있다. 최근에 일본방문 중국관광객이 크게 늘어난 것도 이 때문이다. 태국도 비자발급 비용을 면제해주어 해외관광객 유치에 전력을 기울이고 있다. 대만 역시 중국의 단체관광객 유치 시에는 업체에 장려금을 지원해주고 있다. 그러나 우리의 해외관광객 유치 전략이 너무 미온적이다. 우리나라를 찾은 중국관광객은 지난해 187만 명이며 금년에는 220만 명이 방문할 전망이다. 경기도는 그 많은 중국관광객으로부터 수입을 올리지 못하고 안산, 안양, 과천 등 서울근교 일부호텔 등 숙박업계에만 혜택을 보고 있다. 경기지역의 경우 중국의 연휴를 맞아 밀려드는 관광객을 만족하게 할 만한 상품이 없는 실정으로 특수를 누리지 못하고 있다. 음식, 전통놀이, 의복, 문화, 등의 다양한 개발을 통하여 관광영역과 질을 높여가야 한다. 국내 여행업체가 경기도의 외국인 관광코스로 수원의 화성, DMZ, 용인의 에버랜드 등 3곳을 지정했지만 관광객의 만족도는 크게 떨어진다. 정부와 지자체에서는 전문가와 여행업자와 협력하여 중국관광객의 욕구를 충족시켜줄 수 있는 관광코스 개발과 다양한 관광상품 개발을 서둘러야 한다. 중국관광객들이 기분 좋게 돈을 쓰고 줄길 수 있는 프로그램과 여건을 개발하여야 한다. 늦었지만 경기도가 이제 한류를 만끽할 수 있는 역사와 문화를 원천으로 새로운 관광상품 개발에 전력을 기울이기 바란다. 한류열풍을 타고 중국의 20대 관광객이 70%나 늘어난 현실을 어떻게 활용할 것인가 미래계획을 철저하게 수립하여야 한다. 특히 중국 젊은이들은 세계에서 유학가고 싶은 나라로 우리나라를 2번째로 선호하고 있다. 이들의 유치를 위해 중국 젊은이들을 위한 특별한 여행상품을 개발하여야 한다. 여행관광객의 잠재적 자원이 풍부한 대중국 전용상품개발을 서둘러야 한다. 대중국 여행유치 전략본부를 만들어서 민관이 앞장서야 함을 강조한다. 산업구조가 변하여 관광산업이 발전을 이룰 수밖에 없는 현실을 적극적으로 수용하여야 한다. 국제적인 경제위기를 극복할 수 있는 한 방법이 대중국 관광객 유치에 있음을 인식하여야 한다. (2011.10.06.)

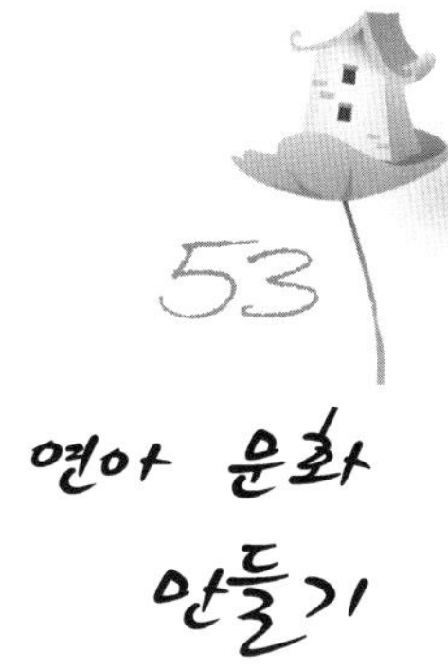

청소년 문화 어떻게 볼 것인가

우리나라 청소년을 상징하거나 총체적이고 집약적으로 표현할 수 있는 청소년 문화가 말만 무성하지 실제로는 찾아보기 어려운 실정이다. 1945년 독립 이후 65년 동안 청소년을 입시제도에 의한 경쟁체제로 몰아가고 있어 청소년기의 창조적인 자기개발, 자율적인 선택, 취향에 맞는 여가생활, 잊지 못할 추억 만들기 등의 기회가 제공되지 않아 자연스럽게 청소년 문화가 생성되어 발달할 수 없었다. 경쟁에서 승자만 있을 뿐, 패자에 대한 배려가 없었다. 과거에는 올림픽에서 은메달과 동메달을 딴 선수는 마치 죄인처럼 고개 숙이고 멍하니 서 있는 모습은 국민들의 마음을 편치 않게 했다. 그러나 이번 밴쿠버 동계올림픽은 완전히 달랐다. 금·은·동은 물론이고 노메달 선수까지 함께 기뻐하고 즐거워하며 최선을 다한 자신을 자랑스러워하고 당당하며 의연하게 기쁨을 나누는 모습이 참으로 보기 좋았다. 달라진 청소년 문화의 단면을 보는 것 같았다. 긍정적, 진취적으로 변화해 가는 청소년 문화의 방향성을 가늠할 수 있었다. 오늘날 컴퓨터에 매달려 게임을 즐기는 모습을 청소년 문화로 단정하여 이야기하는 사람이 있으나 매우 잘못된 생각이다. 청소년 문화는 그들의 자연스런 삶의 행태로서 언어, 가치, 상징, 규범, 의장에 의한 공유성, 창조성, 경향성이 있어야 한다. 현실은 우리나라 청소년 문화를 학교 문화로 취급하고 있으며 청소년 문화의 생성과 발달을 외면하고 있다. 물질주의 경향을 띠고 있으며 문화감수성의 발달과 긍정성 그리고 대중매체의 의존도가 높으며 사이버공간과 현실을 혼돈하고 있어 문제가 많다. 자기표현이 강한 현실 만족주의를 추구하는 특성이 있다. 우리나라 청소년기본법은 청소년 연령을 9세에서 24세로 규정하고 있으나 실제는 10대인 중고생이 청소년을 상징하며 대표하여야 한다. 청소년 전기(11~13세)의 사춘기에 있는 청소년을 중요하게 다루는 이유는 이 시기가 신체, 정신, 정서, 심리적으로 가장 큰 영향을 받기 때문이다. 성인 진입기인 19세까지 자아개념이 형성하는 것으로 추정되어 이 시기의 권익강화가 매우 중요하다. 청소년 문화를 한마디로 정의하기는 많은 어려움이 있으나 청소년 생활의 모든 행위와 행위의 산물을 포함하는 전체적이고 포괄적인 현상이라고 말할 수 있다. 또한 청소년 문화는 넓은 의미에서 일반적으로 나타나는 공통된 삶의 방식, 행동 양식, 신앙, 언어, 가치관 등을 의미하며 하나의 부분문화로서 전체문화에 영향을 미치는 특이한 문화이다. 또한 청소년 문화가 때로는 사회전체 문화를 변화시키는 기능을 하기도 한다. 문화는 초역사적이면서 동시에 시간적이며 인류의 잠재의식 속에서 생성된 초자연적 본질의 현상으로서 신비와 경외의 가장 순수한 표현이라고 할 수 있다. 자연스러운 산업사회의 경제적 성공과 도덕적 패배는 새로운 의식, 가치, 희망, 생활양식, 즉 새로운 문화를 필요로 하고 가능하게 하고 있다. 청소년 집단이 공유하고 있는 삶의 방식은 다른 연령층에 비해 독특한 행동양식으로 나타나며 전체문화에 강한 영향을 미치는 부분문화로 보면서 부정과 긍정, 기능과 역기능이 공존하며 무한한 가능성이 존재한다.

청소년 문화의 현실

한국 청소년 문화는 불모지라고 할 수 있다. 일반적으로 청소년을 상징할 수 있는 상징문화가 없기 때문이다. 뿐만 아니라 청소년들 삶의 총체적 양태가 학교생활과 공부하는 모습을 빼고는 특별히 이야기할 것이 없다. 지나친 학습활동에 지친 청소년들이 무의식 상태에서의 일탈문화의 특성을 나타난다. '알몸 졸업 빵' 같은 행동이 그러하다. 사이버공간과 실제공간에서의 역할을 혼돈하는 현상을 나타낸다. 컴퓨터 게임하듯 쉽게 생각하고 경솔하게 행동한다. 그래서 결과에 따른 책임의식이 매우 희박하다. 정체성과 의지력 약화로 청소년들이 할 일 없이 빈둥대거나 잡담을 하면서 시간을 보내기가 일쑤이다. 컴퓨터로 영화를 보거나 게임을 하면서 많은 시간을 소비하고 있다. 패스트푸드로 주전부리하길 즐긴다. 가까운 친구끼리 문자로 일거수일투족을 전달하며 항상 같이 있음을 인식하려 한다. 청소년의 일반적인 특성을 개인주의적인 성향, 자기표현주의, UCC 문화, 패러

디 문화, 문화상품 소비문화, 경쟁과 시험열병의 입시문화, 개방된 성 문화, 사생활 공개문화, 엄지족문화라고 할 수 있다. 이러한 경향은 재능과 개성을 상실한 것처럼 보인다. 동계올림픽의 주인공인 이규혁, 성시백, 김민정 등 5인의 여자쇼트트랙 계주선수의 자신감 넘치고 당당한 모습은 온 국민에게 용기와 기쁨과 자신감을 불어넣어 주었다. 16세 여고생인 곽민정 선수가 입상은 못했지만 유감없이 기량을 발휘한 것에 만족해하는 모습은 아름답고 믿음직스러웠다. 제21회 밴쿠버 동계올림픽대회의 꽃이라고 할 수 있는 피겨스케이팅에서 김연아 선수가 세계신기록을 세우며 감격의 금메달을 목에 거는 순간 모든 사람들이 환희 속에 축하의 박수를 보냈다. 한국 청소년의 당당하고 대담한 위풍은 격려와 기대를 넘어 새로운 희망을 심어주었다. 불안전성이 안정성으로 전환되어 직업적 지위를 가진 완전한 성인으로 나아가는 과정처럼 발전해가는 청소년이 자랑스럽다. 오늘의 청소년 문화는 사고보다 느낌을, 포스트모더니즘의 가상적 현실주의 추구, 소비 지향적인 행동을 나타낸다. 먹고 싶고, 입고 싶으면 바로 행동을 하며 컴퓨터 게임이나 놀이를 하고 싶으면 즉시 노는 것이 청소년들이다. 청소년들은 사고나 이성(理性)보다는 느낌의 문화를 영위해 가고 있다. 자신이 관심이 있으면 생각 없이 바로 따라하는 욕구가 매우 강한 모방문화라고 할 수 있다. 청소년 문화는 지역, 집단, 개인별로 다양한 특성을 나타내고 있으며 하나로 집약해서 표현할 수 없는 양상을 나타낸다.

청소년 문화 찾기

　역사 속에서 한국 청소년 문화를 찾아보면 원시공동체 사회로부터 성읍 국가시대에 걸쳐 촌락 내부에는 청소년 조직 같은 인위적인 공동체가 발생하여 차츰 발전해왔다. 삼한시대에 마을 청소년들이 고유의 집회소를 갖고 있었다는 기록이 있다. 오늘날 우리 농촌에 아직도 남아 있는 '두레'는 본래 지역사회 공동체를 나타내는 칭호로 입문·입사의 뜻이다. 이는 성읍 국가시대 마을의 젊은이들이 그들 고유의 집회소에 들어가 단체활동을 했던 사실에서 연유한 것으로 짐작된다. 신라는 4세기 중엽에 이르러 연맹왕국을 완성하고, 6세기 초에는 중앙집권국가에 의한 촌락공동체를 중심으로 발전해온 청소년 조직의 독자적인 기능이 중앙정부에 흡수당했다. 당시 국가가 필요로 하는 인재를 얻기 위해 젊은이들을 떼 지어 놀게 해놓고 행실을 보아 등용하였다. 신라의 화랑도는 교육기관의 성격을 띠고 출발했고 조선시대의 향교, 서당이 오늘의 학교기능을 하면서 청소년을 교육시켰다. 우리 역사는 청소년을 교육시키고 기존성인 사회문화의 답습과 계승을 한다는 차원의 사회화 기능만 존재했다고 볼 수 있다. 현실은 오로지 입시경쟁에 따른 지나친 학습으로 지친 청소년들이 휴식수단으로 해찰하거나 낮잠을 자는 행태적 특성을 보이고 있다. 놀이문화는 적극적이며 역동적인 쥐불놀이, 닭싸움, 병정놀이, 윷놀이, 씨름, 술래잡기, 고무줄놀이, 재기차기, 구슬치기, 딱지치기 등이 있었고 소극적이며 정적인 놀이로 바둑, 장기, 소꿉장난, 공기놀이, 말꼬리 이어가기 등이 있었다. 오늘의 청소년하면 좁은 공간에서 책을 읽거나 컴퓨터를 통한 학습활동이 전부인 것 같다. 반면에 뛰어난 창의성, 개척성,

도전정신을 들 수 있다. 동인천중학교의 오규석 학생이 스팟 엔진 사이트를 운영하여 미국학생과 2인 회사를 설립하여 많은 부를 형성한 것도 우리 청소년의 가능성의 실현이다. 청소년 문화는 지역, 집단, 개인별로 다양한 특성을 나타내고 있으며 하나로 집약해서 표현할 수 없는 현실이므로 연구와 관찰을 통해서 전통문화와 현대문화 속에서 찾아야 한다. 과거의 복종적, 인내적, 소극적, 수용적인 양태에서 탈피하여 오늘의 청소년 문화는 도전성, 자유로움, 창의성, 성취욕 등의 요인이 강조되는 특성을 보이고 있으며 부분문화를 벗어난 때로는 전체문화 사회를 이끌고 변화시켜가는 양상을 나타낸다.

청소년 연아 문화 만들기

열아홉 살 김연아 선수 한 사람이 우리 사회에 던져준 영광의 승리는 하나의 공동체를 집결시키고 새로운 희망과 자신감을 주었다는 데 큰 의미가 있다. 김연아 선수의 승리는 변화된 청소년들의 꿈과 희망을 이뤄가는 모습을 보는 것 같았다. 새로운 청소년 문화의 싹을 찾은 기분이다. 김연아 선수는 초등학교 때에 다섯 가지의 쇼트트랙 트리플점프를 익혔다. 스케이팅 훈련 중 이루고자 하는 목표는 반드시 이루고 마는 강인한 의지와 성취욕을 초등학교 때부터 실천해왔다. 김연아 선수의 모습은 넘치는 자신감, 해맑은 미소, 유연한 제스처, 긴장, 초조, 압박으로부터의 해방된 진정한 자유로움이었다. 긴장감과 불안감은 한구석에도 없고 오직 넘치는 자신감만 있었다. 이것은 우리 청소년의 기상과 앞으로 지향해야 할 모습인 것 같았다. 성취와 보람이 수반된 진정한 승리의 기쁨과 감격의 눈물은 인내와 고난의 극복을 웅변해주기에 충분하였다. 뿐만 아니라 글로벌시대의 청소년의 미소는 격려와 성원을 폭발시켰다. 국가브랜드 가치를 포함한 김연아의 광고효과는 6조 원을 상회할 것이란 보도는 청소년의 무한한 가능성과 잠재력을 가늠할 수 있다. 청소년의 의지와 노력의 산물이 얼마나 위대한가를 보여주었다. 연아 문화를 만드는 기본은 김연아 선수의 의지력과 인내력, 성취력, 자신감을 발양시킬 수 있는 방향성을 찾는 데서 시작돼야 한다. 무한한 가능성이 미래에 도전하고 개척하여 풍요롭고 행복한 미래사회를 이뤄가는 일에 부지런하며 최선을 다해야 한다. 청소년의 잠재력개발은 창의성과 기성세대가 생각하지 못하는 톡톡 튀는 가능성의 덩어리라고 말할 수 있다. 청소년의 가능성은 창조적이고 무한하다. 다만 이것을 어떻게 얼마만큼 계발하고 발현시켜 가느냐가 문제다. 청소년 문화는 이것을 자발적으로 구현시켜갈 수 있는 의지력과 실천력이 필요하다. 글로벌시대의 경쟁에서 정정당당하고 협력과 노력을 통한 승리를 자기계발이며 노력의 소산이라고 할 수 있다. 수단방법 가리지 않고 쟁취한 승리는 진정한 승리가 아니다. 인성적 기본요소와 국제 감각과 표준에 맞는 생활을 영위해가야 한다. 따라서 청소년은 자아실현과 국가와 사회발전에 기여를 통한 보람을 창출해가는 노력을 해야 한다. 21세기 한국 청소년 문화육성의 방향은 여유 속의 자신감과 당당함 그리고 도전을 즐기는 멋있는 생활이라고 할 수 있다. 희망의 청소년은 여유로운 성취와 보람의 미소로 모든 사람의 박수를 받아야 한다. 목표달성을 위한 훈련과정의 고통과 어려움을 즐기는 여유로움은 자신감 넘치는 에너지를 생성시키기에 충분했던 김연아 선수였다. 변치 않는 목표를 향해 정진할 수 있는 저력이 대단했다. 이것을 내일의 한국 청소년 문화의

중심으로 삼아야 한다. 그러기 위해서는 사회적 노력과 매스미디어의
기능이 중요하다. 모 방송국에서 진행하는 1박 2일의 게임은 승자만
웃을 수 있고 패자에 대한 배려와 기쁨이 없어 문제다. 이런 미디어
는 청소년 문화를 부정적으로 만들게 된다. 오늘의 청소년은 운동결
과에 집착하지 않고 초연하며 당당하게 대처하는 여유로운 모습이
얼마나 아름다운가? 청소년 전기에 분명한 목표를 정하고 좌절 없이
오직 한길만을 향하는 의지력 역시 김연아 선수에서 찾아낸 미래의
청소년 문화이다. 청소년 전기에 꿈과 목표를 정하여 이뤄가는 당당
하고 의젓한 모습은 우리 청소년이 지향해야 할 청소년 문화의 방향
성이다. (2010.08.02.)

54

들어가는 말

청소년은 가능한 미래의 희망과 꿈을 이루기 위해서 현실에 충실하며 역경을 극복하기에 최선의 노력을 다하여야 하는 존재다. 자신의 열정과 정성을 다하여 노력하며 의지를 구현하기 위해서 땀을 흘려야 한다. 청소년은 시공을 초월하여 항상 내일의 가치를 중시하며 오늘을 성실하게 살아가야 한다. 청소년들은 현재 생활하고 있는 여건과 환경의 영향을 많이 받게 된다. 그러므로 이상적이고 미래지향적인 조건을 만들어주어 자각하고 최선의 노력을 다하도록 해주어야 한다. 충청도 청소년들은 조상들이 역사적으로 나라와 민족을 위해서 몸과 정신을 바치며 살아온 터전에서 생활하고 있다. 사욕을 버리고 국가와 민족을 위해서 목숨까지 기꺼이 바치면서 당당하게 살아왔다.

역사 문화성에 비추어볼 때에 오늘의 청소년은 공익과 정의를 위해서 당당하게 살아가는 지혜를 습득하여야 한다. 학업, 놀이, 여유의 일상시간을 최선을 다하여 성실하게 생활해가야 한다. 항상 생활 속에서 국가와 민족을 생각하고 사욕보다는 공익을 우선해가는 지혜가 절실한 때다. 충청도는 이순신, 김좌진, 최익현, 유관순 같은 애국지사가 많이 탄생한 역사적 배경이 있는 지역이다. 이러한 역사적 배경을 중시하면서 자긍심을 갖고 당당하게 생활해가야 한다. 그러나 오늘의 청소년들은 과도한 학습과 경쟁에 지쳐서 많은 불평을 하면서 불만족스럽게 생활해가는 공격성이 강한 특성을 나타내고 있다. 청소년은 자기 삶의 주인으로 인격을 존중받아야 하는 존재이나 현실적으로 학습경쟁 관계에서 오는 모멸감과 부정적인 경쟁력으로 괴로워하고 있다. 청소년들은 자율성과 참여에 의한 주체성을 영위해가려하나 현실적으로 타율과 불참의 상황이 많이 벌어지고 있다. 청소년은 생존과 생활의 권리를 최대한으로 만끽할 수 있는 환경에서 생활하는 것이 중요하다. 학습활동, 여가시간, 취미활동 등을 즐기면서 자기 생활을 소중히 여기며 선택한 삶에 대하여 책임을 지도록 한다. 친구를 비롯한 모든 사람들과 원만하게 생활해가면서 특히 장애인과 소외받기 쉬운 사람을 배려하며 더불어 살아가야 한다. 이러한 청소년들의 당면한 과제를 원만하게 수행해갈 때에 충청도 청소년의 미래는 무한한 가능성을 실현해갈 수 있다.

청소년의 행복목표와 노력

첫째, 청소년의 행복목표

청소년은 진정한 가능성을 구현할 수 있다는 확신을 갖고 성실하게 생활해가는 자세가 필요하다. 청소년의 행복은 기억하고 싶지 않은 과거의 나쁜 기억과 경험을 일찍 버리고 현실의 불평과 어려움을 극복해가야 한다. 확신에 찬 미래의 목표를 향해서 일하고 노력하는 자세가 절실하다. 영리한 자는 질서를 만드는 것이 아니라 자신의 행동을 주어진 질서 안에 집어넣어 현명하게 살아간다.

그래서 결국 행복을 얻는다. 가슴 설레는 미래의 희망과 소망을 추구하면서 성실히 살아갈 수 있도록 다양한 생활을 하여야 하는 이유다. 자신의 학교와 지역사회에서의 꾸준하고 성실한 노력을 통해서 글로벌시대에 정정당당하게 경쟁해서 승리할 수 있도록 자질을 기르고 지식과 능력을 개발해가야 한다. 오늘의 청소년들은 자기 자신의 진정한 행복과 인류의 자유와 평화를 위해서 기여하는 사람으로 성장해가야 한다.

자신의 역량을 충분히 발휘할 수 있는 열정적인 도전이 절실하다. 일찍이 자아정체성을 확립하여 이를 추구를 하기 위해서 최선의 노력을 기울여야 한다. 결국은 글로벌시대의 리더로 육성해가는 것이 바람직하다. 그러기 위해서는 영어를 유창하게 구사하며 전문적인 지식이 있어야 한다. 인터넷을 통한 자유로운 의사소통과 다양한 정보를 활용할 줄 알아야 창의성을 발현할 수 있는 능력을 가질 수 있다. 현존하는 사물이나 사고를 다른 시각에서 생각하며 접근하는 다양성의 자세가 중요하다. 일상생활에서 창의성을 키워서 진취적으로 살아가야 하기 때문이다. 매사에 자신감을 갖고 해결할 수 있는 자율성을 가져야 한다.

제4물결 가치를 존중하면서 존재하는 만물을 사랑하며 인간미를 갖도록 한다. 모든 사람을 존중하는 국제매너를 갖도록 노력한다. 한편으로는 초·중·고교의 동아리를 활성화시키고 대안학교를 확대시켜 개성과 특성을 키워가도록 한다. 전국의 중심지가 충남인 지리적 특성과 역사적 특성에 따른 행복목표를 설정하려는 일이 중요하다. 청소년기의 신체·생리적 특성 및 심리·사회적 특성과 환경에 대해 이해하여 적절한 행복의 목표와 접근방법을 찾아야 한다. 제1차 사회화 기관인 가정에서는 창의적이고 미래지향적인 가치관을 가져야 한다. 가정에서 만족을 주어 안정성을 찾고 능력을 계발하고 미래를 발전시켜간다. 청소년에게 원만한 인격의 기반을 닦아주어 후일 성인이 되었어도 문제가 없도록 해준다.

타인관계와의 신뢰행동을 일상화하며 습관, 예절, 행동을 통해서 원만한 사회성을 키워주어야 한다. 지역사회에서는 바람직한 사회화 과정을 습득하도록 한다. 물질적·교육적·문화적·인간적 자원을 효과적으로 활용하여 인격도야에 순기능을 발현하는 일도 중요하다. 학교에서는 성적제일주의 가치를 추구하므로 경쟁심으로 이기심을 제고시키고 있는데 이를 극복하여야 행복할 수 있다.

학교는 기본적인 삶과 전인교육의 목적달성을 위한 다양하고 현명한 방법을 찾도록 한다. 학교는 많은 시간을 보내는 공간으로 사회화 과정의 중심지이기도 하다. 청소년기에는 교우관계가 미치는 영향이 매우 크므로 행복을 위해서는 바람직한 교우관계를 유지하도록 지도한다.

둘째, 청소년의 자신의 노력

인간의 잠재력은 무한한 가능성을 지니고 있다. 이것은 청소년 자신의 지속적이고 꾸준한 노력에 의해서 개발하여 성공을 거둘 수 있다. 노력은 자신의 역량을 충분히 개발하는 데 최선을 다하여야 가능하다. 주변의 성인과 선배들의 적극적인 지도와 관심을 기울여서 청소년의 노력을 격려해주고 지원해주어야 한다. 그리고 매스미디어에서 모범청소년들을 발굴해서 격려해주고 포상해주는 시스템을 운용할 수 있다. 부모와 기성사회로부터 칭찬을 받을 수 있는 언행을 하루에 3가지씩 실천하며 기록한다.

일시적인 일은 의미가 없으므로 기록을 통한 관습화를 이뤄가야 한다. 주변의 교우관계, 학습활동, 경제활동, 환경 등의 작은 고민거리부터 차근차근 해결하려는 자신감과 성취감을 느껴보도록 노력하여야 한다. 청소년 자신이 잘못했을 경우 "죄송합니다" 하는 예절습관이 생활화되도록 한다. 부모와 선생님 선배들에게 "고맙습니다"라는 말을 자주하여 타인지향적인 사고와 긍정적인 사고를 가져야 한다. 짜증이 나고 신경이 예민할 때에는 음악을 감상하거나 운동을 하는 등 자신이 좋아하는 일을 하면서 스트레스를 푼다.

주말에는 집 근처 공원을 산책하면서 햇볕을 쪼이며 사색하고 여유를 즐긴다. 친구들과 함께하는 활동에 적극적으로 참여하여 우정을 쌓아가도록 노력하여야 한다. 자신의 포용력과 이해력을 키워서 매사를 오해하지 않도록 노력하는 일이 필요하다. 모든 분야에서 심사숙고하며 긍정적이고 미래지향적인 행동을 해가야 한다. 무한한 자기잠재력을 개발하기 위해 지식을 습득하여 정보를 축적해가는 노력을 성실하게 하여야 한다. 개발한 경험과 지식이 자신의 합리적인 활용

방법으로 이어질 수 있도록 준비와 노력을 하여야 한다.

셋째, 청소년 지도

청소년이 상호이해하며 결정한 개인목표를 구체적인 행동으로 실천해갈 수 있도록 지도해주어야 한다. 우선적으로 청소년의 일상생활의 계획을 실행하도록 지도해준다. 청소년 지도자의 개입활동의 타당성, 정확성, 효율성에 대한 평가를 바탕으로 개입의 수정과 지속성이 결정된다. 변화의 지속인 청소년에 대한 지도는 적응과 진취적이어야 한다.

청소년 지도는 지도자 자신의 경험을 기초로 하지 말고 현재의 실태와 청소년 자신의 역량에 알맞게 지도해주는 것이 바람직하다. 2010년 현재 우리 사회 청소년의 방과 후 교육 및 지원활동은 크게 학교를 중심으로 교육과학기술부가 진행하는 방과 후 교육활동과, 학교에서 2개 부처가 진행하는 지역아동센터(보건복지부)와 청소년방과후아카데미(여성가족부)가 있다. 학생 청소년의 경우 방과 후 지원활동을 강화시켜서 다양한 욕구와 취향을 만족시켜주는 노력을 기울여야 한다. 청소년 각자에게 선택할 수 있는 다양한 기회를 제공해주어야 한다. 대부분 국민기초생활보장법상 기초생활수급권 자녀에게 사업이 효율적으로 이루어지도록 노력해야 한다. 전체 청소년의 10%를 차지하는 빈곤가정 청소년의 방과 후 지도를 효율적으로 하여야 한다.

불우 청소년들이 견제요인으로 자신의 역량을 개발하지 못해서는 안 된다. 청소년 지도자는 항상 교육과 활동을 지원해주어 역량을 개발시켜주어야 한다. 지역사회 단위에서 각 기관이 갖는 기능과 역할의 적정 분담, 교육 및 지원활동의 기능적 결합을 강화시켜간다. 방과 후 교육 및 지원활동의 효과적인 기능분담과 역할을 결합한다. 이를 위해 현재의 상황과 실태를 진단한다. 충남이란 지역사회 중심관점에서 방과 후 협력 네트워크 전략 및 대안을 도출하여야 한다. 지역사회 중심의 아동 청소년 방과 후 교육 및 지원활동의 기능중복 실태진단과 새로운 대안으로 효과적인 방과 후 교육 및 지원활동 방안을 모색하여야 한다. 충남 청소년 지원기관의 기능분담 및 역할협력 방안에 대한 대안적 모색을 하여야 한다.

청소년의 미래과제를 구체화시키고 방과 후 교육 및 지원활동과 관련된 전문인력을 양성하고 파견한다. 관련 프로그램 개발 등 민간 및 정부 공공영역에서의 향후 추진과제를 탐색하여 지도해간다. 청소년 지도는 가능성의 현실화에 자신감을 갖도록 해준다.

나오는 말

오늘의 청소년들은 과중한 학습부담으로 많은 스트레스를 받고 있다. 부모, 교사를 비롯한 어른들의 일방적인 지시와 명령으로 가슴이 부글부글 끓고 있다. 이들의 지나친 스트레스를 풀어주고 넘치는 열정을 자신이 하고 싶은 일에 바칠 수 있는 환경을 만들어주어야 한다. 일반적으로 청소년들은 성격이 공격적이며 감성이 예민하므로 이에 적절한 환경을 만들어주는 일이 중요하다. 다양한 욕구를 해소시켜주고 이해할 수 있는 마음을 갖도록 적절한 지도가 절실하다.

충남 청소년을 비롯해서 모든 청소년들은 행복한 일상생활을 영위해갈 수 있도록 가정과 지역사회에서 앞장서서 보살펴주어야 한다.

일상생활 중 아주 사소한 일에도 관심을 갖고 성실하게 적극적으로 생활하며 취미생활을 넓혀주어서 만족을 느끼도록 한다. 청소년들도 영육 간의 원만한 성장이 이루어질 수 있도록 통합적이고 균형 있는 교육훈련을 시켜야 한다. 충남의 경우 우리나라의 지역발전을 위한 중심이란 특성을 잘 활용할 필요가 있다.

서해안의 바다와 대북한 관계를 원만하게 해결하기 위한 이해력과 참사랑의 의미와 가치를 실현하도록 지도해주어야 한다. 많은 청소년들이 무보호자청소년, 독거노인, 장애인 등과 함께하는 일에 자율적으로 참여하도록 한다. 청소년이 앞장서서 활력 넘치는 농어촌을 건설하며 깨끗하고 건강한 자연환경 조성에 기여하도록 한다. 청소년 자신이 미래를 계획하고 주도해갈 수 있도록 지도를 해주는 것이 우선이다. 청소년들은 현실에 대한 회의주의와 이상주의를 극복하고 순종하며 경건한 자세만이 참 행복을 추구해갈 수 있다.

지도자는 아무리 현실이 어렵고 힘들어도 참고 견디려는 마음을 가져야 한다. 부모의 소망과 청소년의 소망이 다를 때에는 원만한 대화를 통하여 조절하여야 한다. 연세대 사회발전연구소가 전국의 초4~고3 학생 5,437명을 대상으로 조사한 우리나라 청소년의 주관적 행복지수는 65.1점으로 OECD 국가(평균 100점) 중 최하위를 기록했다. 우리나라 청소년들의 고달프고 힘든 생활의 결과다. 생활에 만족한다고 대답한 청소년은 53.9%에 불과하다. 외로움을 느낀다가 16.7%로 OECD 평균의 2배를 넘었다.

행복지수가 낮은 아이들은 부정적인 사건에만 집중하는 경향이 있어 사회문제를 발생시키게 된다. 긍정적인 자기평가 기준에 지나치게 엄격하고 부정적인 자기평가 기준에는 지나치게 관대해 자존감도 낮다. 실패의 원인을 무조건 자기 탓으로 돌리는 부정적 성향을 지니고 있어 문제다. 상황이 발생하면 해결보다는 회피하거나 체념하는 경우가 많다.

급격한 감정 변화, 손톱 물어뜯기, 섭식장애, 탈모, 피로 호소, 짜증, 수면장애, 무기력, 외로움 등도 행복지수가 낮은 청소년들에게 공통적으로 나타나는 특징이다. 행복지수가 낮은 아이들이 부정적인 말을 많이 한다. 자존감이 심하게 떨어지는 청소년들은 비행, 폭력, 약물 복용 등의 유혹에 쉽게 빠질 우려가 크다. 부모가 청소년을 행복한 자녀로 만들려면 결점을 사랑하고 수용하여야 한다. 항상 자신감을 갖고 신뢰하면서 생활해가도록 여건을 만들어준다.

자신이 판단하여 급하게 말하지 말고 청소년의 말을 우선 들어보고 판단하는 일이 중요하다. 사소한 일이라도 항상 칭찬하고 격려해주는 태도가 중요하다. 같이 청소년과 운동이나 놀이를 하며 정겨운 대화를 나누어간다. 청소년을 지도해갈 때에 그들과 관계가 깊은 부모와 지도자 간의 신뢰가 형성되어야 비로소 문제를 해결해갈 수 있다. 바람직한 청소년에 대한 지도결과가 건전한 청소년을 육성해갈 수 있음을 강조한다.

행복한 노년의 성(性)

　　노후의 활력 넘치는 행복한 삶을 영위하기 위해서는 원만한 성생활이 이루어져야 한다. 우리 사회가 노인의 성생활하면 주책이다, 추하다는 말로 외면하기 일쑤다. 노인의 성에 대한 무지와 무관심이 노후의 삶을 무기력하고 불행하게 만들거나 자학적으로 살아가도록 하고 있다. 노후의 활력 넘치는 행복한 삶을 위해서는 자포자기하고 참으면서 성 문제를 해결하려는 태도부터 바꿔야 할 때다. 이제 노인의 성에 대하여 가족과 사회는 물론 국가에서 적극적인 관심을 갖고 정책적 차원에서 문제해결책을 찾아야 한다. 노인 성에 대한 사회적 관심을 제고시키기 위한 미팅, 추억 찾기 등 다양한 행사와 정부의 현실적인 지원이 절실하다. 노인들의 일상적인 관심과 대화는 용돈, 자식, 재혼 등을 이야기하다 궁극에 가서는 성 문제로 이어진다는 사실이다. 그럼에도 불구하고 노인은 성욕을 인내하고 내연시키면서 살아가는 것으로 인식하고 있다. 성은 남녀노소를 불문하고 공통된 관심사이며 인생을 즐길 수 있는 중요한 방법이다.

중부일보에 의하면 안성시에 거주하는 70대 후반의 할아버지는 할머니와 1주일에 1회 이상 정기적인 부부관계를 유지하면서 금실이 좋아졌고 일상적인 활력이 넘친다는 보도다. 사회복지관의 노인 성 프로그램에 참여하면서 성에 대한 의식이 변화된 소산이다. 자신의 성에 대하여 당당하게 표현할 수 있고 부부간 솔직한 대화를 통하여 문제를 풀어가고 있기 때문이다. 2002년 시중에 화제가 되었던 노인의 사실적인 성관계를 묘사한 '죽어도 좋아'라는 영화는 사회적 반향을 크게 불러일으켰다. 정기적이고 적당한 횟수의 부부관계는 노인생활에 의욕과 활력을 불어넣어 주고 상호신뢰와 사랑을 실천하게 만든다. 노인 성 문제가 매우 중요한 이유가 여기에 있다. 여성이 폐경기가 되면서 자연스럽게 부부관계 횟수가 줄어들다가 결국은 관계를 완전히 단절하게 된다. 홀로된 노인들은 성에 대한 고민을 묻어두지 말고 담론화를 일상화하여야 한다. 노인도 부부간의 지속적인 성관계가 가능하다는 사실을 인식하고 서로 사랑하려고 노력하여야 한다. 선진국처럼 국가나 지자체의 노인 성 교육기관 설립이 절실하다.

지난 반세기 동안 성에 대한 연구결과는 성생활 없는 노인에 대한 고정관념을 깨트렸다. 켄세이는 80세 노인도 오르가슴을 느낀다고 발표했다. 60세 노인 중 대부분이 부부관계를 유지할 수 있다는 말이다. 성경은 아브라함이 100세에 이삭을 낳았음을 기록하고 있다. 괴테, 앙드레 지드, 버트런드 러셀, 안소니 퀸 등 수많은 저명인사가 노년의 성생활을 즐기면서 건강을 유지하고 문학, 예술활동을 활발하게 하였다. 이제 성에 대한 왜곡된 사고와 인식으로 참고 견디며 부부관계를 억제하며 살아가야 한다는 생각을 교육을 통하여 전환시켜주어야 한다. 노년기에 성생활을 자유롭게 즐길 수 있는 사회풍조를 조성하여야 한다. 노인이 행복한 성생활을 영위할 수 있도록 가족과 사회가 함께 노력을 기울여야 한다. 남자의 경우 65세 이상 노인의 95%가, 70세 이상의 노인은 70%가 성관계를 희망하며 실제적인 관계를 하고 있다. 왕성한 할아버지들의 성욕을 집에서 해결하지 못할 경우 심각한 문제를 낳게 된다. 결국 노인매춘으로 이어지게 마련이다.

현재 65세 이상 된 노인이 10%를 넘고 있으며, 2019년에는 15%를 차지하게 될 전망이다. 초고령화 사회에서 우선 노인의 존엄성과 복지 차원에서 성 문제를 논의하여야 한다. 홀로된 노인의 성적 욕구충족을 위한 만남의 장소를 만들고 사랑을 나눌 수 있는 공간 마련도 필요하다. 자유로운 접촉 속에 정다운 이야기를 주고받는 아름다운 황혼의 사랑을 우리 사회가 담보해주어야 한다. 노인의 건강을 위한 프로그램을 지자체, 사회복지관 등 공공시설에서 개설하여 언제나 부담 없이 자유롭게 운동할 수 있게 만들어주어야 한다. 홀로된 노인들의 맞선보기, 재혼하기, 취미생활 함께하기 등의 다양한 프로그램을 개발하고 운영하는 노력이 절실하다. 초고령화 시대를 맞아 노인의 삶을 행복하고 건강하게 만들어주는 일은 당면한 우리의 몫임을 알아야 한다. 노인에게도 성 인격을 존중해주고 성교육을 시켜 바람직한 성관계를 할 수 있도록 지원해주어야 한다. 장수 이상으로 소중한 것이 건강을 유지하면서 행복하게 살아가는 일이다. 이 행복 속에 부부관계가 차지하는 비중이 높고 중요함을 인식하여 노인에 대한 성 문제를 해결하려는 마음을 갖고 노력하며 배려하여야 한다. 행복한 노년이 될 수 있도록 성에 대한 가족과 사회의 관심을 촉구한다. (2008.10.30.)

56

인터넷을 통한 청소년 성폭행 사건이 자주 발생하고 있어 대책 마련이 시급하다. 특히 10대 청소년을 대상으로 약물을 복용시킨 후 성폭행을 하는 등 그 수법이 잔인하고 비인간적인 데 문제의 심각성이 있다. 최근 인천에서는 20대 남성이 12세 초등생을 여관으로 유인하여 협박, 강제로 술을 먹인 후 성폭행을 자행했다. 안산에서는 17세 소녀를 자신의 자취방으로 유인한 후 본드를 흡입하게 하여 환각상태에 빠지게 한 후 성폭행을 했다. 전국 곳곳에서 청소년에 대한 성폭행이 자행되고 있어 국가차원의 강력한 대책이 절실하다. 상황판단이 어렵고 반항할 능력이 부족한 10대 미성년자에 대한 성폭행은 죄질이 아주 나쁘며 피해자에게는 돌이킬 수 없는 악영향을 끼친다. 피해 청소년은 정신적인 충격과 정서적인 불안감, 대인기피 현상을 초래할 수 있어 정상적인 사회생활에 곤란을 느끼게 된다. 후일 성인이 되어 결혼생활에도 후유증으로 어려움을 겪을 수밖에 없다.

청소년기에 성폭행을 당하면 정신적, 정서적, 육체적인 피해가 심각하므로 가해자의 중벌과 함께 예방대책을 마련해야 한다. 성폭력범은 전과자가 많으며 정신적으로 많은 문제가 있다. 심리적인 억압과 여성에 대한 분노가 잠재되어 발생하므로 이의 본질적인 접근을 통해서 방법을 찾아야 한다. 청소년 성폭력범에게는 전자팔찌를 끼워 특별 감시하고 수형기간에 특별교육과 정신과 치료를 병행하는 제도 마련도 필요하다. 성폭행을 당했을 경우는 지체 없이 경찰서에 신고하거나 성폭력 전문상담소에서 상담을 하도록 학교와 가정에서 청소년들에게 교육시키는 일도 중요하다. 성폭행과 연계된 지정 산부인과에서 정액을 채취해서 근거로 삼아 가해자를 징벌하도록 한다. 피해청소년은 지속적인 정신과치료나 전문상담을 받아 죄책감이나 수치감을 극복하려는 노력이 중요하다.

성폭력은 오프라인뿐만 아니라 온라인에서도 심각하다. 문자와 영상을 통한 대화방, 이메일, 게시판, 휴대폰은 물론 집 전화를 통하여 사이버 성폭력이 자행되고 있다. 이의 대책으로는 상담교사의 다양한 기능을 강화시키고 청소년과 평소 친근감을 조성하며 이용자 교육에 대한 지식을 확대시킨다. 성 상담소, 경찰서 등 관계기관과 연계기능을 강화시키며 음란사이트 차단 소프트웨어를 개발하여 보급을 확대한다. 모니터링 활동을 강화하여 쉬운 부분부터 대책을 마련하고 실천해가도록 한다. 성인과 청소년들이 함께 참여할 수 있는 성 윤리와 성욕 해소방법을 교육시켜야 한다. 잠재적 가해자나 피해자가 함께 성폭력의 심각성을 인식하고 항상 주의를 게을리하지 않고 보호활동에 적극 협조하도록 한다. 지역사회의 성폭력 감시망을 형성하여 체계적이고 실질적이 활동이 필요하다. 은폐된 환경을 항시 감시하고 성 유해환경 접촉을 차단시키는 노력도 병행해야 한다.

청소년 성폭력은 다양한 요인에 의해서 발생하고 있다. 매스미디어에서 쉽게 접촉할 수 있는 성폭력 장면이나 만화, 소설 등의 대중매체도 성폭력 학습화를 시키고 성 문화를 크게 왜곡시키고 있다. 방송윤리위원에서는 텔레비전에 나오는 성폭력 장면이나 내용보도를 신중하게 감시해야 한다. 우리 사회의 성 문화에 대한 이중적 규범도 문제이다. 남녀 성에 대하여 다르게 강요되는 규범 등은 왜곡된 성차별의 원인이 된다. 청소년 성폭력은 남성이 여성을 폭행하는 것이지 여성이 남성을 폭행하는 경우는 거의 없다. 남성과 여성의 상호배타적 역할분업 체계를 기본으로 이를 위한 의도적인 교육을 실시하는 것도 문제다. 남성성의 우위성이나 지배성, 정복요구 같은 비뚤어진 의식을 올바르게 잡아줄 수 있는 대책을 서둘러야 한다.

남녀는 성 평등 속에 법률의 저촉을 받지 않는 상태에서 상대와 합의하여 성관계가 이루어져야 한다. 미성년자의 성은 당연히 보호받고 건강하게 성장해야 함을 인식하여야 한다. 건전한 성 인격을 확립하고 바람직한 성 윤리를 실천하는 데 노력하여야 할 때다. 성관계는 사랑과 진실 속에서 존경하는 사람과 생명을 창조하는 성스럽고 소중한 과정이 근본임을 인식해야 한다. 급진적인 성 문화를 개선하려는 사회적 노력이 요구된다. 향락적인 성 문화가 공존하는 왜곡된 성 문화를 이루고 있다. 성은 어떠한 일이 있어도 상품화되거나 힘으로 강제적인 관계를 할 수 없다는 사회인식을 확립해주기 위한 중장기 대책을 마련해야 한다. 모든 사람에게 지속적으로 성 가치관을 심어주고 성 인식을 올바로 갖게 하며 성 문화를 발전시키기 위한 사회적 노력과 국가 정책적 지원이 절실하다. (2008.01.30.)

　이명박 정부의 출범을 앞두고 요즈음 리더십이 화두가 되고 있다. 노무현 정권의 아집과 독선의 리더십은 국가경제를 망치고 사회통합을 파괴시켰기 때문이다. 이분법적 사고와 패거리 정치는 갈등과 원망의 마음을 키워 통합과 전진을 기대할 수 없는 정체의 기간이었다. 소아적이고 이기적인 문화만 팽배시켰고 모두를 아우르는 포용과 사랑의 리더십이 부족했다. 어느 때보다도 국민 위에 군림하는 지도자가 아닌 섬기는 지도자가 절실한 때다. 이명박 당선인은 때를 맞은 듯 국민을 잘 섬기겠다고 다짐하고 나섰다. 대통령과 국민의 거리를 좁히고 하나가 되어 국가발전을 위해 일하겠다는 뜻이다. 국민을 잘 섬긴다는 것은 국민이 편안하게 잘살 수 있도록 해주며 권력으로부터 시달림이나 부당한 간섭을 배제한다는 말이다.

　그러나 노무현은 자신의 지지세력에게만 충실했고 국민의 뜻을 거슬렀다. 현실은 국가와 국민을 위해서 자신의 모든 것을 바쳐서 헌신 봉사하는 대통령을 절실하게 원하고 있다. 국정을 책임질 대통령에게 어느 때보다도 머슴의 리더십이 절실하다. 존 코터(John P. Kotter)는 "리더십은 바람직한 목표를 성취하기 위해 다른 사람들을 동기 부여 하여 영향력을 행사하는 능력"이라고 정의하고 있다. 머슴의 리더십 은 국민이 의도하는 방향으로 잘 갈 수 있도록 수용과 성실을 통해서 감동을 주어야 한다. 좌절하지 않고 자신감을 갖고 잘할 수 있도록 동기를 부여하고 영향력이 미치도록 도와주는 일이 중요하다. 대통령 은 솔선수범하여 국민을 감동시키는 일에 충실해야 하는 이유가 여 기에 있다.

제3공화국 시절 박정희 대통령의 에너지 절약사례는 지금도 회자 되고 있다. 국제유류 가격이 급등하자 청와대 거실과 침실의 난방을 절제하여 추위를 극복하려고 뛰면서 추위를 극복했다는 이야기다. 과 거의 혼·분식정책도 지도자가 앞장서서 모범을 보였다. 가정과 지역 사회에서도 마찬가지다. 부모가 솔선수범할 때 자녀도 본받고 따라오 기 마련이다. 지역사회의 존경받는 지도자는 항상 주민들에게 봉사와 헌신으로 감동을 준다. 국가도 대통령이 앞장서서 솔선수범을 보이고 머슴 같은 충정과 헌신이 있어야 지지를 받을 수 있다. 스톡딜 (Stogdill)도 "리더십을 목표설정과 달성을 지향하도록 집단행동에 영 향력을 행사하는 과정"이라고 말했다. 국민이 동의하고 민심을 모아 정책을 결정하여 모두가 참여하도록 모범을 보이며 헌신 봉사할 때 정책을 성공적으로 수행할 수 있으며 이것이 머슴 리더십의 본질이다.

리더십을 자기지향적인 리더십, 관계지향적인 리더십, 도구지향적 인 리더십으로 분류할 때에 지금은 관계지향적인 리더십이 필요한 때다. 국민을 자산으로 생각하고 상호의존적인 신뢰관계를 유지하며 국민 각자가 목적을 달성할 수 있도록 용기를 주고 희망을 상실하지 않도록 도와주어야 한다. 국가가 발전할 수 있는 방향으로 국민의 힘을 한 데 모아 힘차게 전진할 수 있는 방향에서 희망을 주며 비전을 제시하여야 한다. 디지털시대의 머슴 리더십도 상황이 급변하는 현실을 직시하여 능동적으로 대처하며 유연하게 대응하는 슬기가 요구된다. 현실상황 인식을 정확하게 하여 효율적인 정부를 이끌어가며 국제사회에서 선도해나갈 창의성과 진취력이 필요하다. 미국의 전 대통령 로널드 레이건의 난관과 내일의 희망의 리더십에 지미 카터 전 대통령의 난관 극복을 위한 희생의 리더십을 우리는 지금 요구하고 있다.

움츠러들고 어려워 고통받는 지친 국민에게 내일의 희망과 일자리를 만들어주는 일이 시급하다. 1995년도 외환위기가 닥쳤을 때에 금모으기를 하며 경제난국을 극복했던 희생의 리더십을 이명박 정부는 보여주어야 한다. 우리 민족처럼 단결력이 강하고 의지가 굳으며 함께하는 공동체 정신이 강한 민족은 세계에서 찾아볼 수 없다. 반드시 이루고 마는 승부근성과 성취욕구는 21세기의 세계화 시대를 선도해가기에 적합하다. 무자년 새해에 머슴의 리더십으로 국가가 번영하고 사회가 발전하여 국민이 행복해져야 한다. 우리 국민은 어느 나라 국민보다도 저력 있고 인내심 강하며 현명하다. 그러나 도덕성과 정직성을 한 단계 업그레이드시켜야 한다. 이 또한 머슴의 정직성과 도덕성을 배워 극복할 일이다. 선진 한국으로 발돋움하는 데 대통령은 머슴의 리더십으로 헌신 봉사하고 국민은 대동단결 협력하기를 기대해본다. (2008.01.17.)

기준이 존중되는 사회를

　우리 사회는 아노미 사회 같다는 생각이 든다. 정도와 표준이 없고 편법과 억지가 판치는 세상이 됐다. 사회를 이끌어가는 원로가 없고 존경받을 만한 사람이 없기 때문이다. 표준이 되는 기본은 실종되고 임기응변과 궤변으로 일관해도 괜찮은 세상이 되어가는 기분이 든다. 근대화와 민주화 과정에서 동기와 과정보다 결과를 중시하는 경향이 사라지지 않은 결과의 산물이다. 가난하고 어려웠던 시절, 뭐니 뭐니 해도 배부른 게 제일이라는 사고는 금전만능주의를 만연시켰다. 민주주의는 다수결의 원칙이라는 왜곡된 의식으로 다수의 횡포가 도를 넘었고 소수와 정당성은 소멸되기 일쑤였다. 이제는 언행과 사물에 대한 올바른 시각을 갖고 말하고 행동할 수 있는 기준을 바로 세워야 할 때다.

　지난 10년간 개혁세력의 집권은 기존의 전통적 가치와 기준을 많이 혼동시켰다. 이 과정에서 나타난 역기능은 혼란과 갈등, 불신을 증폭시켰고 승리만이 정의라는 왜곡된 의식을 갖게 했다. 이제는 보수세력이 집권하여 균형과 중심을 잡을 것이라는 국민적 관심이 높다. 사회는 보·혁의 두 날개가 균형을 잡아 사회와 국가를 발전시켜가야 한다. 돈 많은 부자는 더 많은 재화를 획득하기 위하여 열심히 일하고, 없는 자는 희망과 가능성을 갖고 열심히 일해서 부자가 되어 모두가 행복한 세상을 만들어가야 한다.

우리 민족은 위대하다. 잘못을 보면 용서하지 않고 책임을 물으며 새로운 사람에게 기회를 준다. 공공의 이익과 국가의 안위를 위해서 우리처럼 희생한 민족도 없다. 의병과 승병의 위대한 희생을 생각할 때 눈물이 난다. 자신의 사사로운 이익을 추구하기에 급급하고 거짓과 모함과 시기가 판치는 세상을 걷어내야 한다. 가치 있는 일을 위해서 솔선수범할 줄 알고 희생할 줄 아는 기풍이 조성되어야 한다. 대아를 위해서 소아를 버리고 미래를 위해서 현재의 고통을 감내할 수 있는 넉넉한 마음을 요구한다.

가정에서는 가장을 중심으로 우애와 사랑을 키워 존경의 전통을 세워가야 한다. 가족구성원이 정답게 희망을 노래하며 열심히 살아갈 때에 가정과 국가의 장래를 기대할 수 있다. 수백 년이 지나도 변화하지 않는 아름다운 가풍을 만들어가야 한다. 지역사회에서는 상호신뢰와 유기적인 관계를 유지하며 정직하고 평안한 분위기를 조성하여 행복하게 살아가야 한다. 상부상조하며 협력하여 고난과 역경을 극복했던 위대한 공동체의 힘을 되살려 세계화 시대의 경쟁에서 승리할 수 있는 원천을 찾아야 한다.

사회정의가 존중되고 평등과 자유가 진정으로 보장되는 사회에서

선의의 경쟁을 통한 각자의 역할을 충실히 수행해가는 사회를 만들어야 한다. 계층 간, 세대 간, 지역 간, 이념 간의 갈등을 현명하게 극복하고 사랑과 인정이 충만한 살맛나는 사회를 건설해야 한다. 희열과 만족은 모두를 넘어 하나 되는 공통성을 갖고 있다. 서로의 인정과 배려 속에 사랑을 실천할 때 가능해진다. 이제 사사로운 감정이나 어리석은 집단의식을 버리고 보다 넓고 높은 내일의 가슴 설레는 꿈과 확신을 갖고 지금의 자리에서 최선을 다하는 사람이 되어야 한다. 이것은 시대적 요청이요, 우리가 해야 할 당면과제임을 강조한다.

안정된 사회만이 국민통합과 국가발전을 가속화시킬 수 있으며 통합된 사회만이 행복과 번영을 기대할 수 있다. 조선조 때에는 공·맹(孔·孟)의 가르침이 사회를 유지시키는 기준이 되었다. 장유유서와 제사문화가 효 문화를 발전시켜 사회의 엄격한 규범을 지키며 삶을 영위토록 했다. 근대화 과정에서 혼란해진 서구가치와 전통가치는 퓨전식 궤변과 편한 대로의 주장을 펴게 만들어 혼돈의 시대를 만들었다.

우리도 선진국 진입을 향해 노력하고 있다. 선진국이 되려면 무엇보다 국민의 진실성과 정직성이 살아서 평가의 기준이 돼야 한다. 악이 선을 이기고 거짓이 진실을 호도하는 사회는 결코 선진국가가 될 수 없다. 정직하게 교류하며 신뢰를 쌓아 이것이 기준이 되어 밝고 유쾌한 세상을 만들어가야 한다. 정의가 승리하며 살아가는 최고의 가치로 존중받아야 한다. 편법과 요령의 왜곡된 사고를 버리고 당당하고 의로운 삶을 영위해가는 진정성과 방향성을 찾아야 한다. 역사는 가꾸고 만들어가는 사람들에 의해서 발전하게 마련이며 기본이 서지 않은 사회에서 결코 역사발전을 기대할 수 없다. 역사의 발전을 위해서도 사회의 기준을 세워야 할 때다. (2008.01.03.)

자연사랑

　날로 자연환경 파괴가 심화하여가고 있다. 넘쳐나는 생활 쓰레기서부터 기름과 쓰레기 투여로 몸살을 앓고 있는 바다까지 오염정도가 도를 넘고 있다. 우주의 인공위성 쓰레기부터 일회용 컵과 화장지에 이르기까지 온 천지가 쓰레기로 넘쳐난다. 만연된 쓰레기 양산은 생활환경을 오염시키므로 사람들의 절제와 주의가 절실하다. 공장과 자동차에서 품어내는 매연은 인간의 건강을 위협하고 있는 실정으로 각별한 주의가 요구된다. 수많은 등산로 또한 산을 훼손시켜가고 있다. 일본 후쿠시마의 원자력발전소 파괴는 오늘도 바다를 오염시켜간다. 바다의 오염은 물고기를 기형으로 만들고 인간의 삶을 위협하게 된다. 반자연적인 요소로 가득한 현대문명은 대자연으로 원상복귀하려는 인류의 노력을 절실히 바라고 있다. 인간의 생활과 에너지 시스템 등 모든 분야에 오염과 파괴가 도사리고 있으며 정도가 심화되어가고 있다. 하루라도 자연을 오염시키거나 파괴하지 않으면 살기 어려운 현실이다. 오염을 줄일 수 있는 다양한 방법을 찾아서 실천해가야 한다. 오염이 적은 핵융합은 물론 수소전지 등 수소를 이용한 에너지 연구와 생산에 총력을 기울이는 일이 중요하다. 오염을 양산시키는 인위적인 요소를 자제하고 대자연의 흐름대로 생활해가려는 자세로 살아가야 한다. 자연상태를 유지하기 위해서 변화의 원리를 막지 말고 흐름에 따르는 것이 좋다. 자연보호 정책은 시대에 따른 근시안적인 정책을 탈피하여 적어도 수십 년의 미래를 생각하며 추진해가야 한다. 정책자체가 비인위적인 자연의 섭리를 따르는 것이 훼손을 막고 보호하는 합당한 방법이다. 인기위주의 정책과 근시안적인 국토개발 정책이 결국은 아름다운 자연을 훼손시키게 된다. 생산시설을 건설하여 소득을 올린다는 미명 아래 국토를 많이 훼손시켜 왔다. 한 번 자연을 훼손시키면 원상복귀가 어렵기 때문에 각별한 주위가 요구된다. 지속적인 산림과 자연보호 정책을 펼쳐가야 한다. 우리나라의 경우 1970년대 인위적인 출산억제 정책을 추진하면서 당시 높은 출산율을 두고 미개인과 후진성이라며 스스로 폄하했던 풍조는 저출산율의 당면문제를 야기시켰다. 지금은 출산율이 너무 저조해서 다출산자에 대하여 각종 특혜를 주며 출산장려 정책을 펴고 있으나 문제해결이 용이하지 않다. 물론 중국은 지나친 인구 억제정책으로 출산을 막고 있다. 남아선호 사상을 변화시키면 중국도 인구 억제정책에 커다란 변화를 가져올 수 있으나 쉽지 않은 일이다. 수돗물을 아껴 쓰는 국민을 부정적으로 인식했던 사회는 오늘날 물을 마구 쓰는 고질적인 버릇을 만들었다. 심지어는 식량문제까지도 단순논리로 대국민에 접근했던 1960~1970년대 정책은 보리밥먹기와 밀가루음식

먹기 운동을 벌였다. 이제는 잉여 쌀 보관문제로 골칫거리가 됐다. 미래지향적인 자연보호 정책을 펼쳐가야 한다. 우리가 먹고 쓰는 모든 자원은 자연에서 가져오기 때문이다. 자연이 청결하게 보호되고 아름다워야 할 이유다. 근시안적이며 인위적인 정책의 업보를 지양하고 대자연 속에서 미래의 삶을 생각하여야 한다. 자연의 흐름에 맡기면 자연적인 원소들은 저절로 수급되고 완급이 조절된다. 인간이 지나치게 자연을 훼손하고 오염시키면 반자연적 현상이 생겨서 결국은 인간이 피해를 보게 된다. 대자연을 보호하면서 인간의 문명발달을 생각하면서 현명하게 살아가는 방안을 실천해가야 한다. 인간의 편리를 위한 과학기술의 발달이 자연을 오염시키고 훼손시켜가기 마련이다. 전 세계적으로 발생하고 있는 지진, 홍수, 가뭄, 태풍, 해빙 등 거대한 자연의 움직임에 깊은 관심을 가져야 할 때다. 아름다운 산하를 즐기면서 청결한 환경에서 살아가려는 인간의 노력은 이루어져야 한다. 자연은 인간의 심성을 정화시켜줌은 물론이고 세상을 아름답게 해준다. 돌 하나 풀 한 포기에도 관심을 갖고 사랑할 때에 대자연은 보존되며 인간에게 행복할 수 있는 터전을 제공해준다. 대자연에 대하여 항상 감사하며 보호하려는 마음을 가져야 한다. 풀 한 포기, 흙 한 줌에도 애정을 갖고 아끼는 마음을 가져야 한다. 일상 속에서 자연을 아끼고 지키려는 마음을 갖고 살아가야 한다. 아직도 달리는 차창 너머로 담뱃재를 버리거나 가래침을 뱉는 몰상식한 사람들 많다. 이들에게 사회제재를 강하게 가하여야 한다. 산을 오르거나 길을 걸을 때에도 대자연의 혜택을 생각하며 아끼고 사랑하는 마음을 가져야 한다. 사회구성원 모두가 자연을 사랑하는 마음으로 환경을 아끼고 정비해갈 때에 세상은 아름다워진다. (2011.10.17.)

정하성 ──────────

충남대학교를 졸업하고 대만 R.T.I에서 지역사회와 청소년 연구를 마친 후 대구대학교 대학원에서 지역사회학을 전공하여 행정학 박사학위를 취득하였다.
한국청소년연구소(서울), 사단법인 청소년지도연구원(대전), 사단법인 대전지역사회개발협회장으로 활동하는 등 30여 년을 한결같이 지역사회 활동과 청소년 지도자로 활동하고 있다. 국가시험 청소년지도사 1·2·3급 출제위원 겸 검정위원, 국가시험 청소년상담사 1·2·3급 검정위원이며 사단법인 한국청소년학회장으로 활동하고 있다. 한양대학교 대학원 외래교수를 거쳐 현재는 평택대학교 청소년학과 교수로 재직하고 있다.『자원봉사 활동론』등 50여 권의 저서가 있다.

정하성 시사 칼럼집 7

위낭
소리의
추억

초 판 인 쇄 | 2012년 1월 2일
초 판 발 행 | 2012년 1월 2일

지 은 이 | 정하성
펴 낸 이 | 채종준
펴 낸 곳 | 한국학술정보㈜
주　　소 | 경기도 파주시 문발동 파주출판문화정보산업단지 513-5
전　　화 | 031) 908-3181(대표)
팩　　스 | 031) 908-3189
홈 페 이 지 | http://ebook.kstudy.com
E - m a i l | 출판사업부　publish@kstudy.com
등　　록 | 제일산-115호(2000. 6. 19)

ISBN　　　978-89-268-2886-1 03070 (Paper Book)
　　　　　978-89-268-2887-8 08070 (e-Book)